DIE OBERUFERER WEIHNACHTSSPIELE

DIE OBERUFERER WEIHNACHTSSPIELE

im Urtext

Karl Julius Schröers Fassung von 1858
in Verbindung mit der Andauer Handschrift
und dem anonymen Erstdruck von 1693

Herausgegeben von
HELMUT SEMBDNER

VERLAG FREIES GEISTESLEBEN

© 1977 Verlag Freies Geistesleben GmbH Stuttgart
Herstellung: Greiserdruck Rastatt
ISBN 3 7725 0678 X

INHALT

Das Oberuferer Christigeburtspiel   7

Das Oberuferer Paradeisspiel   67

Geistliche Komedi von der gnadenreichen Geburt
unseres Heilands und Seligmachers Jesu Christi.
Nach einer Handschrift aus Andau (Niederösterreich)   83

Ein schöne neue Comedia von der Geburt Jesu Christi,
unsers Heilandes und Seligmachers.
Gedruckt im Jahre 1693   127

Nachwort   173

Konkordanz   183

DAS OBERUFERER CHRISTIGEBURTSPIEL

Das sterngsang

[Vor dem Saal vom »Altkünig« Melchior gesprochen:]
Ir lieben meine singer samlet euch zusam
gleichwie die krapfen in der pfann.
Ir lieben meine singer trett zusam in eine scheibn,
wir wollen uns die weile mit singen vertreibn.
5 Ir lieben meine singer fangts tapfer an,
zu grüeßn wolln wir's heben an.
Grüeßen wir Got vater in' höchsten thron
und grüeßen wir auch sein einigen son.
Grüeßen wir den einigen geist mit namen
10 und grüeßen wir s' alle drei zusamen.
Grüeßen wir Josef und Maria rein
und grüeßen wir das kleine kindalein.
Grüeßen wir auch ochs und esalein
welche stehn beim dem krippalein.
15 Grüeßen wir sie durch sonn und mond den scheun
                            [: mandenschein],*
welcher leucht über das meer und über den Rhein.
Grüeßen wir sie durch laub und gras,
der heilige regen macht uns und euch alle naß.

* *In eckigen Klammern stehen jeweils Schröers Zusätze oder Berichtigungen (Emendationen). In den Anmerkungen bedeutet C = Comedia von 1693, A = Andauer Handschrift; die zum Vergleich herangezogenen anderen Handschriften werden mit den Ortsnamen zitiert: Wallern, Preßburg, Pamhagen, Ragendorf.*

Grüeßen wir den kaiser mit der kron,
20 grüeßen wir den maister der s' machen kan.
Grüeßen wir den grundherrn Palfi mit namen
und grüeßen wir seine officiers zusamen.
Grüeßen wir unsere geistliche herrn
weils' uns erlaubt habn das gspil zu lern.
25 Grüeßen wir den herrn richter mit seiner beschwörd,
denn sie sind der eren wert.
Und grüeßen wir die ganze ersame gemeind
alle wie sie hier versamelt seint.
Grüeßen wir den ganzen ersamen rât
30 wie sie Got dazu verordnet hât.
Grüeßen wir sie durch alle würzalein,
sovil als in der erden sein. –
Ir lieben meine singer fangts anders an,
den stern zu grüeßen wolln wirs heben an.
35 Grüeßen wir unser sternstangen
daran unser stern tut hangen.
Grüeßen wir unser sternscher
daran unser stern herum färt.
Grüeßen wir auch alle hölzalein
40 sovil als in dem sterne sein. –
Ir lieben meine singer habt mich wol vernomen
daß wir den stern habn angesungen.
Grüeßen wir unsern maistersinger gut
und grüeßen den maistersinger sein hut.
45 Grüeßen wir unsern lermaister in der tat
weil er uns mit der hilf Gottes geleret hât.
Ir lieben meine singer habt mich wol vernomen,
daß wir dies alles habn angesungen.

[Beim Eintritt in den Saal wird gesungen:]
Unsern eingang segne Got [etc.]

---

21. 22. *eingeschobene, die jeweilige Obrigkeit grüßende Verse.*

Das Christi geburt spil

[Die Companie hält ihren Umzug und singt:]
Als der gütige Got
vollenden wolt sein wort
sant er ein engel schnel,
mit namen Gabriel
5 ins galiläische land
in die stadt Nazaret,
da er ein jungfrau het,
wird Maria genant,
Josef nie hat erkant
10 dem sie vertrauet war.
[Die Companie zieht ab, nur Maria bleibt zurück.]
Der ENGEL GABRIEL trit auf, bleibt vor der jungfrau stên und spricht:
Gegrüeßet seist du holdselige!
Got der herr ist mit dir!
denn du bist gebenedeit unter den weibern!
denn du wirst schwanger werden
15 und einen son geberen,
des namen solst du Jesus heißen! –
und er wird ein herr sein über sein volk ewiglich.
  MARIA spricht:
Wie soll das zugên?
sintemal ich von keinem manne weiß.
  Der ENGEL spricht:
20 Sih, ich bin der engel Gabriel,
der dir verkündet:
die kraft des allerhöchsten wird dich überschatten,
darum auch das heilige, das von dir geborn wird,
wird Gottes son genennet werden.
25 Und sih, Elisabethe, deine freundin
ist auch schwanger mit einem son in irem alter
und gêt schon im sechsten monat,
die im geschrei ist daß sie unfruchtbar sei,

denn bei Got sind alle dinge möglich.
MARIA spricht:
30 Sih ich bin des herrn magd,
mir geschehe wie du gesagt hast.
[Der Engel ab. Maria bleibt. Die Companie hält ihren Umzug.
Maria schließt sich an.]
ALLE singen:
Weil Maria schwanger gieng
zu Augusti zeiten,
da die prophezeiung gieng
35 niemand dorfte streiten:
ward vom kaiser ausgesatzt
daß ein jeder werd geschatzt,
in nur ward verboten [: das ward inn geboten].
Da gieng jederman zum ort
40 und zur stadt seiner geburt
ward gehorsam funden.
[Die Companie zieht ab. Engel Gabriel kommt zurück.]
ENGEL spricht:
Ich trit herein ân' allen spot,
ein schön gutn abend geb euch Got,
ein schön gutn abend, ein glückselige zeit,
45 die uns der herr von himel geit.
Ersame, wolweise, großgünstige herrn,
auch tugendsame fraun und jungfraun in alln ern
bitt wolt euch nit verdrießen lân,
ein kleine weil zu hören an.
50 Was man euch jetzt wird bringen vor
ist nicht von uns erdichtet nur,
ist auch von heiden nit erdâcht,
sonder aus der heiling schrift volbrâcht,
weil ir seit komen auf diesen plan

---

38. ihm nun [nur] war verbunden *A 128;* ebenso *Wallern* und *Pamhagen.*
nach 53. *zwei von Schröer als störend weggelassene und nicht mitgezählte Verse.*

ein christlich spil zu hören an,
nämlich von der geburt unseres herrn Jesus Christ,
55 die uns zum trost geschechen ist,
wie auch von den weisen aus morgenland,
die in der ganzen welt bekant.
Sie sind gezogen ein lange reis
wie auch ein jeder wandersman wol weiß.
60 Sie sind erst komen nach Jerusalem hinein
und fragten nach dem neugeborn kindalein.
Darüber Herodes ward herzlich betrüebt
und seine priester wolgeüebt
in der heiling schrift läst forschen bald
65 und fragt von in wie es sich verhalt.
Drum wann irs wolt hörn in guter ru,
so schweiget still und hört uns fleißig zu. [ab.]

[Die Companie. Mel.: Von himel hoch da etc.]

Kaiser Augustus leget an
die erst schatzung auf jederman,
70 da macht sich Josef auf die fart
mit Maria der jungfrau zart
ins galiläische land.
Von Nazaret ins jüdisch land
in sein stadt Bethlahem genant.
75 Wie sie nun komen gen Bethlahem dar
Maria ir sönalein gebar.

[Alle ab, zurück bleibt nur Maria und Josef.]

JOSEF spricht:
Kaiser Augustus hat ein gebot an uns getan
es sol schatzen sich laßen ein jederman
bei straff all' häupter insgemein
80 zur zalung des tributs bereit zu sein.

---

77. Augustus ein Gebot an uns getahn C 47. A 66. (an uns, *von Schröer aus metrischen Gründen getilgt, hat auch M. Wendelins Manuskript.*)

Weil dan kein geld ist bei der hand [: nun all geld in meiner hand]
zu unser notdurft [ward] angewand,
kein grosch zur zeit in meiner macht
solchs ellend sei leider Got geklagt.
85 Weiß auch kein mittel geld zu bekomen
meine kräften von tag zu tag haben abgenomen,
das hantwerk ich weiter nicht weiß zu üeben
welchs mich schmerzlich tut betrüeben,
doch wil ich den tribut entrichten
90 mit des Augustus willen schlichten.

MARIA singt:
O Josef gebt euch ein wenig zur ru
ein freund wil ich ansprechen morgen zu fru;
bei welchem das geld zur schatzung borgen
bit euch seit nun diesfalls ân alle sorgen.

JOSEF spricht:
95 Maria, wer hat das geld zu vil,
der dir die summ vorstrecken wil?
's geld mangelt an all ort und enden
Got woll unser sach zum besten wenden.

MARIA singt:
Andre mittel sind nicht zu finten
100 laß das öchslein uns zugleich anbinten
und mitfürn nach Jerusalem [: Bethlahem] in die stat,
wohin uns Augustus geschrieben [: beschieden] hat,

---

81. 82. Nun mir kein Geld anjetzo bey der Hand, / Zur Leibes Nohtdurfft ich alles gewandt *C 51. 52. A 70. 71.* (kein Geld *statt* all geld *auch in M. Wendelins Manuskript.*)
86. Mein Kräfften von Tag zu Tag abgenommen *C 56. A 75.* (von tag zu tag, *von Schröer aus metrischen Gründen getilgt, auch in M. Wendelins Manuskript.*)
90. Vermöge geleisten [geleisteten] Eidespflichten *C 60. A 79.*
101. nach Jerusalem in die Stadt *C 71. A 90.*
102. beschrieben *C 72. A 91.*

allda [: es] um billige bezalung verkaufen
welln wir mit der schatzung noch fast ablaufen [: so mag's noch gut
ablaufen].
JOSEF spricht:
105 So wir das öchslein zur schatzung gebn,
wovon erhalten wir weiter das lebn?
woran ich gesetzt all hoffnung und heil
sol ich sollichs ausbieten feil?
Doch wo zwei schatzung hin zu geben [: zur schatzung
sind zu gebn]
110 ist das kleinste davon zu erwegn.
Maria das ochs und eslein [: Maria das eslein] bring herbei,
ich will mit dem öchslein nicht weit von dir sein.

MARIA:
So wir nun komen in die stadt hinein
wo binten wir hin ochs und esalein?

JOSEF:
115 Ein wirt allda, mir gar wolbekant,
mit namen Rufinus war ers genant,
bei dem wir wollen keren ein
und einstelln das ochs und esalein.

MARIA:
So uns andre möchten vorkomen
120 und dies losament häten eingenomen?
dieweil vil volk an der [: sonder] zal, maß und weis
jetzund nach Bethlahem zureis.

JOSEF:
Schau an, die stadt tut sich fast nân,

103. 104. Allda um billich Zahlung verkauffen, / Wird hiermit die Schatzung fast ablauffen *C 73. 74. A 92. 93*.
109. Doch wo zwey Schaden seynd zugegen *C 79*. da wo zwei Schätzung sein zu geben *A 98*.
111. 112. Darum Maria das Oechslein bring herbey, / Will mit dem Eßlein nicht weit von dir seyn *C 81. 82. A 100. 101*.

laß uns das vich ein wenig jagn,
125 daß nicht gespirret wird das tor
und wir über nacht müeßn bleibn darvor.

MARIA:
O Josef, eilet doch nicht so ser,
der gang der komt mir an zu schwer,
die straßn wegen dem eis ist vil zu glatt [: vom eis ist vil
zu glatt die ban],
130 ein beständingen fal zu besoring habe [: han].
Meine glidmaßn [: glider] sind von der kältn eingenomen
ich fürcht es möcht mir ser übel ankomen.

JOSEF:
Abends welln wir die glider erweichen
und mit warmen tüchern bestreichen.
135 Maria jetzo ich bei dem wirtshaus bin,
da ich verhieß dich zu füren hin. [Wirt kommt.]
Grüeß Got, Rufin, mein guter freund,
könt ir uns nicht beherbergn heunt?
wir sind ser mat von langer reis,
140 wie auch ein jeder wandersman wol weiß.
Die luft uns heftig hat zugesetzt
mit schärfen die gsichter abgewetzt.

WIRT spricht:
Mein freund, wo anders euch hinwent,
es ist allbereits besetzt [: besetzt ist schon] mein losament
145 besetzt all zimmer und gemach
solchs glaubt wie ich euch in warheit sag.
Ich als ein wirt von meiner gstalt
hab in mein' haus und losament gewalt. [ab.]

---

129. 130. Die Straß wegen des Eiß viel zu glat, / Ein stettigen Fall zu besorgen hab C 99. 100. A 118. 119.
147. 148. *Die von 218. 219. übernommenen Verse fehlen in C, A, Wallern und Preßburg.*

JOSEF spricht:
Nun kein mensch weiter mir ist bekant,
150 der uns möcht reichn ein hilflîche hand,
doch well wir nicht an' hilf verzagn
und unser glück noch weiter wagn.
Den nachbar grüeßen über die mâßn [: üblicher mâßen]
ob er etwann uns möcht in sein haus einlâßen.
[Ein andrer Wirt ›Servilus‹ kommt.]
155 Mein freund, habt ihr nicht sovil raum [: kein' raum] im haus,
daß wir uns ein wenig niedersetzn kunt [: ein wenig ruhen aus]?
WIRT spricht:
Was hab ich mit euch und euerm weib zu schaffen
wer weiß wo ir seit her geloffen?
Ich kan von anderm leut mer han
160 als von dir, du loser bettelman!
Packt euch an' verzug von meiner tür,
und macht mir gar [: weiter mir] kein unru hier. [ab.]
MARIA:
Erbarmen well sich der höchste Got,
daß wir abziehn müeßn mit solchem spot,
165 vor kältn und angst müeßn sterben,
kein herberg können erwerben.
WIRT [Titus]:
Mein frau, was erhebt ir für ein klagn,
wellt ir alhier gänzlich verzagn?
ir sêt beiderzeit [: zur zeit] doch selber wol
170 daß mein haus mit fremdlingen ist vol.
Wellt ir aber nemen im stal [: 'en stal] für gut
so wil ich euch erstatten [: schaffen] guten muts.

153. Den Nachbaur begrüssen ebener massen C 121. A 150.
155. 156. Mein Freund habt ihr im Hause nicht so viel Raum, / Daß wir uns nider möchten setzen kaum C 123. 124. mein Freund, habt ihr in eurem Haus nicht so viel Raum, / daß wir uns ein wenig niedersetzen kunnt A 152. 153.
169. Ihr sehet zwar beyderseits selber wol C 135. A 164.
171. 172. Wöllet aber im Stall nehmen vor gut, / Diß bin ich euch zu statten gutes muth C 137. 138. A 166. 167.

MARIA:
Mein lieber wirt es gilt uns alles gleich
wir lign über nacht hart oder weich,
175 daß nur uns der schnee das angsicht bestreich [: das antlitz
bestreich kein schnee]
und der wind dätlicher maßen abweicht [: uns kein wind tötlicher
maßen durchweh].
WIRT:
Nun wolan so trettet herein [: So tretet ein] in allen fal,
bis in mein haus wird leer ein stal [: bis leer mein haus wird, in den
stal].
JOSEF singt:
O jungfrau rein, o jungfrau rein,
180 hier ist ein kleines krippalein,
darin wir müeßn schlaffen
[mit] Gott, der uns hat erschaffen.
O jungfrau rein, o jungfrau rein.

[Sie setzen sich auf einen Schemel.]

MARIA:
Ach Josef mein,
185 ir müeßt allein der tröster sein!
Meine zeit ist herzu komen,
mit schmerzen werde ich bekomen
das kindalein, das Jesulein.

JOSEF:
Morgen fru wil ich aufstan
190 und zu Kana dem metzger [: nach Kana zum metzger] gan,
anbieten wil ich im dis tier
wil hörn was er wird gebn dafür,

---

175. 176. Den Leib der Schnee allein nicht bestreicht, / Und der Wind etlicher massen abweicht *C 141. 142. A 170. 171.*
177. 178. Wolan trettet herein auf allen Fall, / Biß im Hause leer wird, in diesen Stall *C 143. 144.* bis in mein Haus leer wird dieser Stall *A 172. 173.*
190. Und zu Caio dem Metzler gahn *C 146.* zu Kaiphas dem Metzger *A 193.* zu Cabans mecger *Preßburg.*

dann wil ich den tribut entrichten
nach des Augustus willen schlichten.

MARIA:
195 Ob auch das tierlein mag gelten sovil
daß wir dadurch erlangen unser zil?

JOSEF:
Einigs zweifel mir nix is daran [: Nun zweifle mir nur nicht daran]
[ich] hoffe noch etwas bereit zu han.

MARIA:
Ach Josef, die zeit ist schon vorhanden
200 daß ich erlöst wird von der fruchtes-banden,
die geburt sich nahen tut herbei,
wie mir Gabriel verkündigt frei.
Den wirt bitt daß er's uns möcht verleichn
uns lâße in sein haus einsteign.

JOSEF:
205 Maria unser bitt wird er schwerlich gewern
dieweil wir zuvil auf einmal begern,
doch wil ich zu dem wirt getrost hingên
und mich in seiner behausung umsên
ob etwa ein platz möcht gefunden wer'n.

[MARIA:
Es wäre gleich auf der bloßen erden,
so würde doch das kind von der kelte frei sein
und nicht mer leiden solche pein.]

[Wirt kommt.]

197. 198. Einiger Zweiffel mir nicht ist daran. / Hoffe noch etwas zur Ausbeut zu han C 153. 154. A 200. 201.
nach 202. *folgen in* C 159.–164., A 206.–211. *sowie in Wallern und Preßburg sechs in Oberufer fehlende Verse:* Mein Hertz erfüllet mit grosser Freud, / So mir ankündigt frölige Zeit. / Sieh weiters das Kindlein bereits geborn / So wider erlangen wird das war verlohrn / Aber wie groß die Kält, / wie scharff der Wind / Ich förcht es möcht schaden diesem Kind.
nach 209. *Die in Oberufer ausgefallenen drei Verse fand Schröer in der Preßburger Handschrift;* C 172.–174. A 219.–221.

JOSEF:
210 Herr Titus uns ist heunt ein kind geborn
wär uns in der nacht fast gar erfrorn.
Drum seit gebeten laßt uns behend
einsteign in euer losament.

WIRT spricht:
Warlich eurer bitt wollt gern platz gebn,
215 es sind nur jetzt 24 komen eben,
die besitzen alle zimmer und läre stät,
schaut wo ir mit dem kind weiter eingêt.
Ich als ein wirt von meiner gstalt
hab in mein' haus und losament gewalt.

JOSEF:
220 Maria unser bitt ist al vergebn,
wir müeßn im stal bleibn wie vorebn,
damit das kind von der kälten frei mag sein
legs in d' kripp zwischen ochs und esalein.

MARIA:
Ach Josef mein!
225 Wie mag die welt so untreu sein!
mit schand uns auszuschließen
daß wir im stal bleibn müeßen.
O Josef mein!
O Josef mein!
230 O Josef bring ein büschlein heu
daß ich dem kind ein bettlein streu.

JOSEF:
Mein herz, mein wil und al mein sin
nim hin du liebes sönalein.

MARIA:
O Josef mein,

218. 219. Ich auch als ein Wirt von mir gestalt / All meines Hauses- und Losaments-Gewalt C *183. 184.* A *230. 231;* ebenso *Wallern.*

235 hilf mir wiegn das kindalein,
Got wird schon dein beloner sein.
O Josef mein, o Josef mein.
    JOSEF singt:
O du mein liabi Marieo!
gar gern, gar gern, i bin scho do,
240 i hilf dir wiagn dei kindalein,
Got wird schon mein beloner sein.
Marieo, Marieo!
    MARIA:
O Josef, Marias engelein
das glurio [: gloria] singt. Alda herein
245 die lieb hat [: ist] eingedrungen
daß wir habn gewunnen
das kindalein
das Jesulein.

[Beide bleiben abseits auf ihrem Schemel, während dem die COMPANIE ihren Umzug macht und singt:]

Ein kind geborn zu Bethlahem
250 in diesem jar,
des freuet sich Jerusalem.
In diesem jar frolocken wir
die mutter des herrn preisen wir
mit irem kindalein zart
255 mit irem kindalein zart
Christus den herrn den eren wir
mit einem lobgesang
mit einem lobgesang.
Hier ligt es in dem krippalein
260 in diesem jar,
ân' end so mueß die herrschaft sein! –
In diesem jar frolocken wir usf. [ab.]

GALLUS:
Heschka he he!
270 Ich hab vermeint ich wer der letzte sein
derweil kom ich gar auf die erst herein.
Husch husch! wie ist es heunt so kalt!
Es frört mich so ser in mein gesicht
daß mein Nasn empfind gar nicht. –
275 Ich hab dem Stichl meine handschuch glichn!
ich hab ims glichn immer um [: um und um].
Wo lauft denn mein bruder Stichel herum?
ich siech mich um ân' alls gefär
komt gleich mein bruder Stichel auch daher.

STICHL:
280 Heschka he he!
ich hab vermeint ich wär der erste da
derweil ist mein bruder Gallus auch schon da.

GALLUS:
Stichl, wie stêts mit unserer herd und schafen?

STICHL:
Ei, Gallus, bei dir hab ich mich bald gefrört.

GALLUS:
285 Ei, Stichl, hast du dich bald gfrört?
siech hier meine beeden [hände]!

STICHL:
Ei hast du nur zwo?

269.–299. *Die in den Spielen mehr oder weniger variierten und nach Schröers Angaben zum Teil verpönten Hirtenspäße fehlen in C; dagegen A 260.–285.*
275. 276. nachst hab i dem Stichl die Handschuh geliechen, / vielleicht wird er mirs gar verlieren; / holade, bringt er mich diesmal darum, / so hab ich ihms geliechen und nimmerum *A 268.–271.*
278. *und* 290. ân alls gefähr = *von ohngefähr (Schröer); so auch A 272.*
284.–286. (Stichl:) Bei Gott, Gallus, i hab mich gfreat; / frierts dich in deine Finger auch, / sieh hin, da hast deine Handschuh auch; / die ich halt schier selber brauch *A 275.–278.*
287. 288. (Gallus:) Alle hundert- und tausendmal gibst mir s'erst, / wenn ich mir hab alle zehn Finger an der Hand gfreat *A 279. 280.*

alle 100 und 1000 mal lügst du mir vor! –
ei wo lauft denn unser Widok herum?
290 Ich siech mich um ân' alls gefär
komt gleich mein bruder Wüdok daher!

WITOK:
Heschka he he!
ich hab vermeint ich wär der erste bei den herden und bei
den schafen sein,
der weil kom ich gar auf die letzt herein!

STICHL:
295 Du machst alle 100 und 1000 mal ein so spatn gang.

WITOK:
Ja mein weib hât mich nit lâßen ê gên,
ich hab ir zuvor müeßn die schuch flicken und nähn. –
Aber wenn uns die kälten wil so fort farn
so müeßn wir uns meiner treu besser bewarn.

GALLUS:
300 Stichl, ist dir die zeit noch unbekant [: zeitung bekant] –
wie des kaisers pfleger, Cyrinus genant,
sagt [: satzt] eine schatzung überaus groß,
daß sich ein jedes haupt sol kaufen los,
bei straf al seines hab und guts!
305 wer kan dabei sein gutes muts?

STICHL:
Ei Gallus, was sagst du imer dar?
ist war was du erzälst eigentlich dar [: ist was du erzälst
eigentlich war]?
gestattet kan [nicht] werden das begern,

---

291. Witok *heißt in C:* Widack; *in Andau:* Widopf; *in Wallern:* Wiedhopf.
300. Stiche ist dir zur Zeit noch unbekandt *C 197. Wallern.* die Zeit noch unbekannt *A 286.* die zeit sehr unbekannt *M. Wendelins Manuskript.*
302. Angesagt ein Schatzung überaus groß *C 199. A 288. Wallern.*
307. ist es wie du erzählest glaubwürdig wahr *A 293. Wallern.*

daß sich das volk möcht leichter ernern!

WITOK:
310 Ach Got, hat das begern noch kein ent!
wê unser groß jâmer und ellent!
ich hab gedâcht es sol sich bekern,
daß wir uns möchten leichter ernern.
Unglück haufenweis komt herbei,
315 niemand mag sein von diesem jâmer frei.

GALLUS:
Ach mein Witok, du hast noch nicht zu klagn,
laß mich erst recht vom armut sagn.
Bei mir unschuldigem da geht es zu!
ich hab weder tag noch nacht keinen [: ein] ru.
320 Ich tracht stäts zu meiner herde schaff,
bei mir ist unbekant aller schlaff.
Gestrigs tags war ich bei meinem gsind aufn feld,
alda mein' schäflein fleißig zält,
befinden sich aber in der zal nicht gar so vil:
325 die ursach ich dir kürzlich sagen wil.

STICHL:
Erzäl es, du alter kauderer!

GALLUS:
Ein teil hat mirs der leidige wolf zurissen.

STICHL:
Villeicht haben dirs die metzgerhund erbissen;
dann ist es in der verkauften weis [: unversêner weis] geschên;
330 muß denn alles mit dem wolf dahin gên?

309. Dann das Volck sich sonst kaum kan ernehren *C 206.* erwehren *A 295.*
Wallern.
320. Trag stetig Sorg vor mein Heerd und Schaaf *C 217. A 308. Wallern.*
328. 329. Vielleicht sie des Metzlers Hund zerrissen, / Denn du sie verkaufft
wie gesehen *C 224. 225.* Vielleicht hat dirs des Metzgers Hund zerrissen, / dem
du verkaufst, wie ich gesehen *A 315. 316.*

GALLUS:

Warlich Stichl, halt still dein' mund,
es beißt der wolf gleich so hart als der hund.

STICHL:

Ja wol noch härter.

GALLUS:

Was du auch weiter wilst davon sagn
335 must du dich gleich bei der herde vertragn. –

WITOK:

Neulich mir weitläufig ward erzält,
wie's Got von ewigkeit hat auserwält;
daß der begerte messias in die welt sol komen
zu trost und erlösung aller frommen.
340 Alsdann werden wir auf erden
aller bürd und last enthabet werden.

GALLUS:

Ach wär dis allein halt [: alles heunt] so bewant
daß der messias gleichmäßig [: wär] bei der hand,
alsdann wolln wir frolocken und springen
345 und Got mit freuden das kratia [: gratias] singen.

[Sie stellen sich hier im Dreieck einander gegenüber auf die langen Stäbe gestützt. Auf diese Worte springen alle drei zugleich in die Höhe zum Zeichen der Freude.]

STICHL:

Zu welcher zeit und ort soll das geschên,
daß wir der armen trost möchten sên?

WITOK:

Die zeit ist uns zwar nicht ernant [: genant],

334. 335. Wo du nichts hiervon weiters wirst sagen, / Sollestu gleiche Beute davon tragen *C 229. 230*. So du weiters wirst sagn / solst du gleich alle beide [!] davon tragen *Preßburg*. wo du hier noch weiter wirst ausagen, / soll man dich gleich beim Tor ausjagen *A 320. 321*.
342. 343. Ach wär dieses allein also bewand, / Der Messias gleichmässig bey der Hand *C 237. 238. A 329. 330. Wallern*.
348. Die Zeit zwar nicht ist ernannt *C 243. A 335*.

das ort ist uns gar wolbekant
350 zu Bethlahem sol er werden geborn
von einer jungfrau auserkorn. –

GALLUS:
Nun hört, ir lieben brüeder mein,
weil wir nun alle drei beisamen sein,
jetzt welln wir uns ein klein bißl niderlegn
355 und ein kleine weil schlaffen danebn.

[WITOK:
Mein weib hat gute kletzen suppen nudel kocht,
bleibst auch dabei?

STICHL:
Is ein schmalz auch dabei?

WITOK:
Wie faust mausdreckbrocken groß!]

Die hirten stellen sich in reih und falln nider gegen Josef und Maria und schlaffen.

ENGEL komt und singt:
Glurio in excesio [: Gloria, gloria in excelsis]! –
ein große freud verkünd ich euch
und allen völkern auf erdenreich
o Christ wach auf, steh auf und lauf
360 zum kindlein zum kripplein zum Jesulein lauf
lauf lauf lauf lauf.
Laufet ihr hirten, laufet alle zugleich,
nemet schulmeien [: schalmeien] und pfeifen mit euch
laufet nach Bethlahem in den stal
365 grüeßet das kindalein allezumal
allezumal, allezumal!
O ir hirten, o ir hirten, laßt dies euch nicht verzagn,
ein neue mär will ich euch sagn.

nach 355. Die vier von Schröer in den Anmerkungen mitgeteilten Zeilen aus einer älteren Handschrift überliefern eine schon damals nicht mehr übliche Improvisation.

GALLUS spricht [im Traum]:
Stichl, was ist das für ein singen und für ein jubiliern?
370 ein gespenst will uns vexieren, unsern schlaf tut es durchwieren
[: turbiern.]
STICHL spricht:
I, wunder groß und wunder überaus,
ich schau nur ein wenig für den hut hinaus,
albehend siech ich ein groß und helles liecht,
was scheinet dort vor ein gesicht?

WITOK spricht:
375 Ein stimm ich hör so hell und klar,
scheint mir es wär ein englische schar.

ENGEL spricht [: singt]:
Vom himel hoch da kom ich her,
ich bringe euch gute neue mär,
der guten mär bring ich euch sovil,
380 davon ich euch singen und sagen wil.

GALLUS steht auf und spricht zu dem Witok:
Gib obacht 's hât glatteist.

WITOK:
Ei dumper! spiegelkartenhäl is's;
's regnt daß als totschelt!
mei bart ist starr voll eis!

GALLUS:
385 Stichl, stê auf, der himel kracht scho!

STICHL:
Ei lâßn nur kracha, er is scho alt gnua dazua.

369. 370. Stiche, ey was ist das für ein singen, / Für ein jubiliren und auch springen, / Ein Gespenst was will vexiren, / Derowegen unsern Schlaff thut turbiren C 247.–250. Ei, was ist das für ein Singen und Jubiliren, / ein Gespenst will uns sekkieren, / derowegen unsern Schlaf will runieren A 344.–347.
372. Ein wenig zur Hütten ich sah hinaus C 252. A 349. ebenso Wallern.
381.–396. *Dieses von Schröer aus der Handschrift mitgeteilte Hirtengespräch war schon zu seiner Zeit nicht mehr üblich; es fehlt in den andern Handschriften und auch, nach Benyovszkys Angabe, in M. Wendelins Manuskript.*

GALLUS:
Stichl, stê auf, die waldvögelein piewen scho!

STICHL:
Ei laß s' nur piewen!
ham klani köpf, ham bald ausg'schlaffn.

GALLUS:
390 Stichl, stê auf! die furleut kleschen auf der straßn.

STICHL:
Ei laß s' nur klescha, habn noch gar weit z'farn.

GALLUS:
Ei du must doch aufstên!
gib obacht, s' hat glatteist.

STICHL:
Ei alle 100 und 1000!
395 machst du mir das maul erst auf
wenn ich mir den ranzen aufgeschlagn?

STICHL:
Ha, mein Gallus! was hat denn dir getraumbt?
daß d' dich neben meiner umerkugelt und umergwalzt hast?
was hat denn dir traumbt?

GALLUS:
400 Was mir getraumbt hat?
das kan ich gar wol sagen.

[Alle drei wenden, im Dreieck stehend, einander den Rücken und stützen sich auf ihre Hirtenstäbe; GALLUS singt:]

In einen stal gieng ich hinein,
darin ein ochs und esalein,
bei mir im kripplein fraßn:
405 o edler hort, o jungfrau zart

388. 389. *Nach einem Hinweis J. Boltes findet sich der Scherz bereits in Fischarts »Geschichtklitterung« (1582):* »O lat pipen, sagt er, lat pipen, die Vögelcken hefen kleine Häuptkin, hefen bald utgeschlapen«.
404. *ihr Heu beim Krippolein aßen A 375. ebenso Wallern und Pamhagen.*

die klärlich bei inen saßn!
Jetz bin ich gleich von schlaf erwacht,
wolt Got der traum kambt mir al nacht
wolt gern bis sibene schlaffen. –

[Sie drehen sich wieder einander zu.]

    STICHL spricht:
410 Ha, mein Witok, was hat denn dir getraumbt?
daß d' dich nebn meiner so umerkugelt und umergwalzt [hast]?
was hat denn dir getraumbt?

    WITOK:
Was mir getraumbt hat?
das kan ich dir gar wol sagen.

[Sie wenden sich den Rücken.]
    WITOK singt:
415 In weihnachttagen in der still
ein tiefer schlaf mich überfiel,
mit freude [: mit freud ward] ganz begossen;
mein seel empfieng vil süeßigkeit,
vil honig und vil rosen.

[Sie drehen sich wieder einander zu.]

    GALLUS spricht:
420 Ha, mein Stichl, was hat denn dir getraumbt?
daß d' dich nebn meiner so umerkugelt und umergwalzt [hast]?
was hat denn dir getraumbt?

[Sie kehren einander wieder den Rücken zu.]

    STICHL singt:
Mir traumbt' als wenn ein engel käm

---

405. 406. von edler Art ein Jungfrau zart / kläglich bei ihnen saßen *A 376. 377.*; ebenso *Wallern* und *Pamhagen.*
409. wollt gerne bis siebeni schlafen, / damit ich das Kindlein mit Begier / von Herzen möge umfassen *A 390.–392.*; ebenso *Wallern.*
415. Am Weihnachtsabend in der Still *Pamhagen.*
417. mit Freuden ganz begossen *Pamhagen.*

und füret uns nach Bethlahem
425 ins jüdisch land zu ferne:
ein wunderding alda geschên,
erfuren neue märe.

Die HIRTEN singen [indem sie im Kreise herum hintereinander einherziehn]:

Lustige hirten, fröhliche [: freidige] knaben,
die einen guten lust zum singen haben:
430 heju, wol auf! und laßt uns singen
guter dingen lustig springen.
Davidl war ein hirtensjung
freut uns aln aus herzensgrund [: David erfreuet uns herz und zung]. –
Lustiges gsänglein bei den schaffen,
435 wenn uns der wirt nicht gfalt [: es uns nit gliebt] zu schlaffen,
so singen wir das Got zu eren,
wer wils weren [maul drob beren]?
eia, wer uns das zu übel auslegt,
weil es uns [: seitemals auch] der David pflegt. –
440 Bei langer nacht und külen tagen [: Nach einer schlacht und künen taten]
wird Davidl der welt [: auserwält] zum potentaten,
mueß er auch den szepter füren,
die welt regirn, die jugend [: juden] ziern.
Jederman auf sein Davidl zeigt [: den David deutt]:
445 seint die hirten nicht wackere leut?

GALLUS:
Nun wolan, laßt uns gen Bethlahem gên
das wundertal alda zu ersên.
Was für gabn welln wir offerirn?
Was für ein geschank welln wir dem kind präsentiren?

---

428. fröhliche Knaben *A 409.;* ebenso *Wallern und Preßburg. Die zweite Strophe in A, Wallern und Preßburg handelt von Davids Kampf mit dem Löwen.*
447. Das Wunder so da ist zu ersehen *C 274. A 422.*

STICHL:
450 Ein flaschen vol müllich will ich dem kind verern
damit in seine mutter möcht leichter ernern.

WITOK spricht:
Ein schönes lamm hab ich unter meiner herd,
welches das kind gar wol ist wert
das wil ich behend mit mein stab umbfangen
455 und über meine beede schultern hangen.

GALLUS spricht:
Ich wil mitnemen ein wenig woll
damit in seine mutter fein drein legen sol.

STICHL spricht:
Die nacht ist mir zu finster, ich kan nicht mehr sên,
ob wir recht oder unrecht zur stadt ein gên.
460 Ei, wo sollen wir allesambt weiter aus?

GALLUS spricht:
Stichl, ich siech albereits ein strohaus,
alda werd'n wir nach dem kindlein Gottes frag'n,
sie werden es uns auch wol sagn
wo wir sollen hin gân,
465 daß wir das kindlein möchten treffen an.
Holla holla! ist niemand vor der tür,
der uns an das begerte ort möcht füren?

JOSEF spricht:
Mein freund wen suchet ir alhier
einen der euch wol weiter möcht füren?
470 darum seit gebeten, sagt mir, wo stêt hin
eur gedanken und eifriger sinn?

STICHL spricht:
Altvater, wir suchen Gottes kindalein
so uns alhier solte geboren sein,

---

451. Daß es sein Mutter besser möcht ernehren *C 278. A 426.*

wir begereten ob es werde gewiß
475 so uns die geschicht verkündiget ist.

JOSEF spricht:
So ir das wellt so trettet herein
hier ligt das gewünschte kindalein.

[Die drei HIRTEN stellen sich vor Josef und Maria und singen:]

Merk auf mein herz, und sih dorthin,
was ligt dort in der krippen drin?
480 es ist das liebe Jesulein,
es ist das schöne kindalein.

GALLUS [kniet nieder und] spricht bei der Obferung:
Sei gegrüeßt, du kindlein zart!
wie ligst du da so ellend und hart.
Ein bettelein [: bett] von stro, von keiner federn zart,
485 sondern von spissigem heu so hart.
Dein geburtstag nicht zur sommerszeit,
sondern zu des winters bitterkeit.
Für d[ein] liling und rosen weiß
erwälst du großen frost und eis.
490 Dein wangelein weiß, dein naselein zart
wie sind sie dir so gar erstarrt,
und deine lieben gülden' äugelein,
die mit bittern tränen begossen sein;
[da] bring ich dir, o Jesulein, ein wenig woll
495 darin [: daß] dich dein muter fein drein legen sol.
gib ich dir ein wenig mel noch,

482.–511. *In C und A erfolgt die Opferung in der Reihenfolge Witok, Gallus, Stichl.*
488. 489. Für den May, Rosen und Lilien weiß, / Erwählest harten Frost, Schnee und Eiß *C 315. 316.* für dein Mairosen und Lilien weiß / erwählet hart Frost, Schnee und Eis *A 467. 468.* für den May, Rosen, Liebchen weiß / erwähltest harten Frost, Schnee und Eis *Wallern.*
490. Dein Wänglein weich, dein Näselein zart *C 317. A 469.*
494. 495. Bring dir o Jesulein ein wenig Wollen, / Darein sie dich fein wickelen sollen *C 321. 322. A 473. 474.*

daß dir dein muter macht ein koch,
und wann ich öfter möcht zu dir kemen
wolt ich etwas meres mit mir nemen.

STICHL spricht bei der Obferung:
500 Sei gegrüeßt du kindlein zart,
wie ligst du da so gar erstarrt,
dein sal des himels ist ser groß
und kombst auf die welt arm, nacket und bloß:
[da] bring ich dir ein flaschel vol milch,
505 hiermit ich mich in deinen schutz befilch.

WITOK spricht bei der Obferung:
Got grüeß dich du liebes kindalein!
gegrüeßt seist du, liebes Jesulein!
In' stal du, ein könig, geboren bist,
müeßen dich ernern deiner mutter brüst:
510 bring ich, könig, ein lammlein klein,
ich bit, du welst damit zufrieden sein. –

JOSEF spricht:
Ir hirten, ich sag euch fleißig dank
vor eur wertes opfer und geschank.

MARIA singt:
Ir hirten ich sag euch fleißig dank,
515 vor eur wertes opfer und geschank,
[Got] laß eur narung wol gedeihen
und eur herd und schaf benedeien.

nach 501.   Du waarer König und Schöpffer aller Ding, / Hält dich dein eigen Volck so gar gering? / O schlechter Stall, O schlechtes Krippelein? / Wie seyd ihr nun so edel und fein C 325.–329. A 477.–480.; *auch Wallern hat diese in Oberufer fehlenden Verse.*
509.   Muß dich ernähren deiner Tochter [!] Brüst C 308. A 460.
514. 515.   Eur Geschenck mich zu bedancken thu, / Vergelts euch Gott mit ewiger Ruh C 333. 334. A 500. 501.
nach 517.   Könnet es hiermit bestehen lassen, / Und hinwider wandern euere Strassen C 337. 338. A 504. 505.

DIE HIRTEN singen [noch immer auf den Knien]:
Laßt uns das kindalein wiegen,
und uns zum krippalein biegen
520 das Jesulein gewenedeien,
das kindalein muß ja heilen.
O Jesulein süeß, o Jesulein süeß!

GALLUS spricht:
Ei, wie ist uns [: nur] das bewant
daß er geborn ist so unbekant
525 und leidt solch mangel, frost und kält
und doch er regiert die ganze welt?

WITOK spricht:
Hier auf erden ist er komen arm
auf daß er unser sich erbarm
und in dem himel mache reich
530 sam seinen lieben engeln gleich.
Das hat er uns getan zu dem end
damit sich der mensch von der hohfart abwend
und nicht für ein' solchen pracht und zier,
hinfüro [: sondern] ein demüetigs leben für'.

STICHL spricht:
535 Uns kan wol wachsen der mut
weil er ist geborn aus königlichem blut
könig David ist auch ein schafhirt gewesen
dessen hab ich in der schrift gelesen,

519. *das Herz zum Krippolein biegen A 486. Der in Oberufer fehlende Vers wurde von Schröer ergänzt.*
520. 521. *laßt uns im Geist erfreuen, / das Kindolein benedeien A 487. 488.; ebenso Wallern.* heielen = *schlafen (Schröer).*
527.–534. *Die Verse sind in A 512.–521. ein zweistrophiges, von den drei Hirten gesungenes Lied mit dem Refrain* Kyrie eleison; *ebenso Wallern. Die zweite Strophe lautet:* Das hat er alles uns getan, / seine große Lieb zu zeigen an, / es freuet sich alle Christenheit, / und danken ihm in Ewigkeit. / Kyrie eleison.
533. 534. *Setze hindan den grossen Pracht und Zier, / Hinfüro ein demütiges Leben verführ C 361. 362. A 530. 531.*
536. *Da wir geborn aus Königlichen Blut C 364. A 533.; ebenso Wallern.*

wie er durch sein königlichs mandat [: küenigliche tat]
540 den mächtign Golliass getättigt hat.

GALLUS spricht:
Aber wann wir das unsern g'selln wern sagn
was sich alhier hat zugetragn,
kein' glaubn werden sie uns gebn
sondern ein großes glachter erhebn,
545 denn es ist mit der sach so bewant,
daß es betrifft [: übertrifft] allen menschen verstand.

WITOK spricht:
Ane gfar kan ichs nit verschweign
ich muß gleich gên um unsern obersten herrn anzeign [: gên es dem
herrn anzeign]
und morgen gen Jerusalem gân
550 und gleich es dem stathalter zeigen an.

STICHL spricht:
Sih unser Crispus kombt auch herbei
welcher [: der] uns wird g'sucht habn auf der frei.
Grüeß dich Got, lieber Crispus!

CRISPUS spricht:
Dank dir Got, mein alter Stichl.

GALLUS spricht:
555 Wie mags mit unser' herde schaffe stên?

CRISPUS spricht:
Warlich die schaff in der hut noch beisamen sein,

nach 540. Vielleicht das Kind diß in acht genommen, / Erstlich zu uns Schäfern wollen kommen C 369. 370. Vielleicht das Kind sich in acht genommen / und erstlich zu uns Schäfer hat wollen kommen A 538. 539.
548. Müssen es den Ober-Herren anzeigen C 378. wir müssen es den obern Herrn anzeigen A 547.
552. Welcher uns wird haben gesuchet frey C 382. A 551 *(Schröer sah* die Frei *oder* Freie *mundartlich für »das Freie« an; die Hirten wären also nicht im Freien gewesen.)*
556. Die Schäflein in den Hürden beysammen seyn C 385. Die Schäflein in der Herde noch alle beisammen sein A 555.

wol von dem großen bis auf den klein'.
Was bringt ir denn für zeitung neu,
ist war was das volk macht für ein geschrei?

GALLUS spricht:
560 Warlich zu Bethlahem ligt das kindalein
in einem krippalein, zwischen ochs und esalein.
Wann du das wunder begerst zu sên,
kanst auch morgen fru aufstên
und kanst mit uns nach Bethlahem gên.

CRISPUS spricht:
565 Ist es weit dahin?

GALLUS spricht:
Bis d' hinkombst!

CRISPUS spricht:
Ja, ja ich wil mich irgend bedenken
und wil dem kind ein ziffel von ein [: mein] pelzwerk schenken.

Die HIRTEN [hinter einander im Kreise herumgehend]:
Und die hirten wolgemut
570 waren bei den schaffen,
taeten fleiß bei irer hut
und legten sich schlaffen.
Zu in' trat ein engel schnel
und Got leuchtet um sie hel,
575 daß [sie ser] erschrecken.
Der engel sprach: fürchtet euch nicht
ich bring euch [eine] neue geschicht
will euch freud erwecken. [ab.]

Kumpagnie singt hienein:
Reich und arm sollen frölich sein
580 an diesem heutigen tag,
uns ist geborn ein kindalein

nach 561. Ligt gantz arm geboren in einem Stall, / Wo der kalten Lufft ist offen überall *C 391. 392. A 561. 562.; ebenso in Wallern.*

       das alle ding vermag,
       dazu auch heilig ist
       sein nam heißt Jesus Christ
585 um unser aller missetat
       vom himel komen ist. –
       O mensch bedenk wie Jesus Christ
       so gar an alle scheu
       zu Bethlahem geboren ist
590 in einer alten scheun'
       wird in ein kripp gelegt [: geleit],
       wie uns die schrift anzeigt,
       welch's doch der höchste könig ist
       auf der welt weit und breit. [Companie ab.]
              KÖNIG MELCHORT spricht, der Baschie gêt auch mit hienein.
595 Mein gatter compas und alle instrument
       bring her du pagi jetzund behend,
       des himels gloria auch nit vergiß
       es scheint ein stern der nie gewesen is:
       wie Venus mit der sonnen sich consamaniert
600 auch etwas anders ist vor mir [: äuget was anders sich itzt vor mir]:
       ein großer glanz überaus schön!
       wovon mag dieses gestirn entstên?
       ist auch von uns nicht gelegen so weit
       auch etwas sollliches dises bedeut [: auf etwas heiliges dises deutt].
605 Recht in der mitten steht ein jungfrau
       ein kindlein tragt wie ich sie schau,
       von großem glanz ist ir gestirn [: ire stirn]
       fürwar schon [: sie] übertrifft diß gestirn;

595. Mein Quadrant, Compaß und all Instrument *C 407*. Guadron *A 586*.
597. Des Himmels Globi auch nicht vergiß *C 409*. des Himmels Gloria nicht vergiß *A 588*.
599. 600. Wie Venus mit der Sonn sich conjungiret, / Darneben etwas anders doch ist formiret *C 411. 412*. wie Venus mit der Sonn sich verjuniert, / derowegen etwas anders ist veneriert *A 590. 591*.
604. In Warheit etwas Hohes diß bedeut *C 416. A 595*.
607. 608. Von grossem Glantz hell ist ihre Stirn, / Fürwar mit Schöne übertrifft das Gestirn *C 419. 420*. von großem Glanz hell ist ihr Gestirn *A 598*.

    an keinem ort tut stille stân
610 sonder schneller und schneller tuts umbgân.
    Das kindlein, das die jungfrau trägt
    wie ich schau zum öftern sich bewegt.
    Du pagi ruf her den matamedicus
    der uns verklärt das wunder groß.
615 Schwerlich uns einer wird dis aussagen,
    was ursach die jungfrau ein kindlein tut tragen.

    PAGI spricht:
    Gnädigster könig, ich eur wort vernomen hab
    ich wil bald bringen den Viligratian.

    KÖNIG MELCHORT spricht:
    Viligratian, könt ir mir nicht von disem sterne sagn?

    VILIGRATIA spricht:
620 Gnädigster könig ich hab warlich keine kundschaft von disem
                                                                gestirn,
    hierüber die propheten wil ich consamaniern
    ob ich von inen etwas möcht deduciern.
    Der prophet Esaias mir hat zwar was andeut
    und uns mit disen worten andeit [: prophezeit]:
625 Daß neulich in Bethlahem solte geboren werden
    ein könig, messias himels und der erden.

    KÖNIG MELCHORT spricht:
    Vermein' was der prophet anzeigen wil,
    das sei zu Bethlahem erfült,
    darum mit sorgen ich mich bedenk
630 was ich dem kind präsentier für ein geschenk?
    ein summa gold wil ich mit mir fürn,

613. Du Bashi, herruff die Mathematicos *C 425*. du Pagi, bring her die Mathematikus *A 603*.
619. Philocrate *C 429*. Biligratus *A 607*.
620. Gnädigster König hab kein Kundschafft darvon getragen *C 430. A 608*.
621. will consuliren *C 431*. will konsultiern *A 609*.
623. 624. Michaeas der Prophet zwar was andeut, / Indeme er es mit diesen Worten beschreibt *C 433. 434. A 611. 612. (vgl. Micha 5,1)*

denn gold einem könig tut gebürn,
sam einem könig himels und der erden,
ich hoff er sol mir darum hold werden.
635 Pagi, dahin wend du allen fleiß
daß wir uns zeitlich machen auf die reis.
Viligratia, euch befilch ich das regament
so lang bis ich die reis' gebracht zu end.

   VILIGRATIA spricht:
Gnädigster könig, nach eurem content
640 wil ich versehen das regament. [ab.]

   KÖNIG WALTHAUSER:
Mein hofgesind mir heunt hat angesagt,
was vor ein wunder geschehn ist über nacht.
Ein gestirn macht gleich glantz und scheint [: welches
                          macht ein reinen schein]
darin ein jungfrau tet erschienen sein,
645 besambt [: samt] einem könig himels und der erden
dabei in weihrauch muß geoffert werden;
ein kindalein, so fein und zart
vor ein sonderliches wunder gehalten ward.
Dise gestirn und wunder zu ersên,
650 tut auf den straßen hervorgên;
findet ir die sach also bewant
wie ich von meinem gesind war ernant [: ermant]:
o, wunder, desgleichen nie hab gehört,
von einer historia wol bewärt:
655 ein jungfrau rein und mutter zugleich,

643. 644. Ein Gestirn gewöhnliches Glantz und Schein, / Darinn ein Jungfrau hat scheinen zu seyn C 451. 452. ein Gestirn ohngewöhnlichen Glanz und Schein, / darinn eine Jungfrau hat scheinen zu sein A 639. 640.
645.–648. Besamt einem Kind so klein und zart, / Vor ein sonders Wunder gehalten ward C 453. 454. ein Wunderzeichen A 641. 642.
650.–652. Thu ich auf die Straß herfür gehen, / Finde die Sache eben also bewandt, / Wie mir vom Gesind worden ernannt C 456.–458. A 644.–646.
653. 654. O Wunder desgleichen nie erhört, / Noch von einiger Histori ist bewehrt C 459. 460. noch von einer Historie also bewährt A 647. 648.

deßen kindelein könig arm und reich!
Nach Bethlahem uns das gestirn tut weisen
als sollen wir allesamt dahin verreisen.
Aber diß geheimniß weiß ich nicht zu ergründen
660 wie bei den gelerten klärlich ist zu finden:
ane man geborn ein kindalein,
ein könig der Juden zuwider soll sein [: wird er sein].
Darum wil ich auf sein morgens zu tag
und ersuchen [: suchen] ob ich das kindlein finden mag.

KÖNIG KASPAR:
665 O wunder groß o höchste frölichkeit,
weil einmal komen ist die zeit
daß der begerte messias ist geborn
wie bei den proveanten verkündigt zuvorn [: von einer
                                              jungfrau auserkorn].
Solches [ein] gestirn uns bezeigt [: beweist]
670 und uns zu respectieren heißt,
indem es kundbar machet diese geschicht,
welche die Juden halten vor ein gedicht:
mit heftigen geberden sie ziehen an
bis daß sie es gefunden han.
675 Aber was geschank und offer sol es sein

---

656. Zugleich Kind, König, arm und reich *C 462. A 650.*
660. 661. Denn wie bey den Propheten klärlich zu finden, / Ein Mutter groß ein Jungfrau rein, / Ohn Mann gebären soll ein Kindelein *C 466.–468. A 654.–656.*
662. Ein König der Juden wird entstehen, / Dardurch der Feinde Reich zu Grund gehen *C 469. 470.* ein König der Juden wird erstehen, / dadurch sein Feindereich zugrunde gehen *A 657. 658.*
668. Wie von den Propheten verkündet zuvorn *C 476. A 672.*
669. 670. Solches diß Gestirn weiters uns bezeigt, / So ihn zu veneriren höchst anreigt *C 477. 478.* solches uns das Gestirn weiters anzeigt, / so in Vernarung höchsten Reitz [!] *A 673. 674.* solches dies Gestirn weiters uns bezeigt, / so ihm zu veneriren höchst verriet [!] *Wallern* (Schröer deutete hinter Vers 670 durch ein Fragezeichen die Unsicherheit seiner Lesung an).
673. 674. Mit hefftigen Begehren eifrig bin entzünd, / Zu suchen diß Kind biß ich es find *C 481. 482. A 677. 678.*

damit das kind auch möcht zufriden sein?
dieweil er ist ein könig himels und der erden
dabei im myrchen muß geoffert werden.
Mit solchem offer wil ich mich versên
680 ich hoffe vor dem kind damit zu bestên.

KOMPANIE singt:
Wie schön leucht uns der weisen stern,
gewiß muß uns der könig der ern
in diese welt sein komen.
Ach weisen, liebste weisen mein
685 sagt mir doch diese warheit [rein]
woher habt irs vernomen
lustig, rüstig!
ein so ferne [: eilt von ferne]
reis' und wege [: nach dem sterne]
690 in das lande,
da sich kein könig mer fante [: da der könig der ern sich fande].

König Melchort geht hienein mit lakei.

LAKEI spricht:
Gnädigster könig, fremdes volk kombt vil
dessen zu finden kein maß noch zil
scheint fast als wär ein könig dabei,
695 welcher uns regieret' frei.

KÖNIG MELCHORT spricht:
Laßet mir ein klein weil bleiben alhier,
solang biß ich zu in gestoßen wir.

675. 676. Aber was für Geschenck sollen wir offeriren, / Dadurch das Kind gnug möcht veneriren *C 483. 484. A 679. 680.*
678. Derwegen ihm Weyrauch geopffert muß werden *C 486. A 682.*
684.–691. Ach Weisen, liebe Weisenleut, / sagt uns doch die ganze Wahrheit, / warum habt ihr jgenomen / lustig, rüstig ein so ferne Reis' / und Wege in das Lande, / da ich kein König mehr fande *Wallern; etwas verderbt: A 806.–811.*
695. Dann zu Mitten einer margieret frey *C 492.*
696. 697. Lasset uns ein wenig warten allhier, / So lang biß zu ihn [ihnen] stossen wir *C 493. 494. A 697. 698.*

Der lakei tritt ab, und die zwen könig gên hienein.
KÖNIG MELCHORT spricht:
Seit gegrüeßt, ihr lieben herren gut,
wohin steht eur herz, sin und mut?

KÖNIG WALTHAUSER spricht:
700 Eur lieb sei gegrüeßt und eur comitat [: hofstat],
wo denken sie hin mit solchem apparat.

KÖNIG MELCHORT spricht:
Eur lieb well hiemit gedanket sein
unser sin stêt gen Jerusalem hienein.
Die drei könige vereinigen sich.
KÖNIG KASPAR spricht:
Seit gebeten zeigt mir doch an
705 was ir zu Jerusalem wellt tân.

KÖNIG MELCHORT spricht:
Im Jesajas man klärlich geschriben findt
wie daß geborn werd ein kind [: wie daß ein schönes armes kind]
nackent überaus schön [: zu Bethlahem geborn sol werden]
und [: als] ein könig himels und der erden.
710 Solches uns durch den stern ist worden offenbar,
wie wunderlich es geschên war:
in dieser letztentwichnen frist
das kindlein albereits geboren ist.

KÖNIG WALTHAUSER spricht:
Gleichmäßig mag ich euch mit warheit sagn
715 hât das in unserm land sich zugetragen.
Ein stern wir alda habn gesên,
darin ein jungfrau sambt ein kind tut stên,

698.–733. *In C, A und Wallern andere Reihenfolge der Gespräche.*
700. Euer Liebe seyn gegrüsset mit ihrem Comitat *C 495*. Komitet *A 699*.
706.–709. Im Esaja man klärlich geschriben find, / Wie daß geboren soll werden ein Kind, / Nackend, da es doch sey überaus reich, / Ein König Himmels und Erden zugleich *C 511.–514. A 715.–718.*
711. So von männiglichen mit Wunder gesehen ward *C 516.* so von inentlich mit warten [!] gesehen war *A 720.*

komt dises nunmer an den tag
was unter den heiden verborgen lag.

KÖNIG KASPAR spricht:
720 Eben diß hat mich auf den Weg gebracht,
welchs vor ein groß wunder wird geacht,
dessen wir zu finden heftigs begern,
so es kein mittel oder weg verwern.

KÖNIG MELCHORT spricht:
Aber weil uns der stern wil gar verlân
725 den wir für ein zeichen gesên hân,
und uns sind unbekant alle weg und straßen,
auf keine mittel derfen wir uns nicht verlâßen
weil wir allesambt in disem land
sind ganz fremd und unbekant:
730 woltn dero wegen von der reis' abstên
und gen Jerusalem in die stadt eingên.
Alda erkundigen dise geschicht
ob wir nicht möchtn habn ein besten [: bessern] bericht.

Die drei KÖNIGE singen hienaus.

Es zign drei könig, der stern leucht in' vorannen,
735 zu Bethlahem tete der stern stil standen.
Wol über dem haus
da tete der stern stil stân.

KOMPANIE singt hienein.

Die weisen von herodis zeit,
wol aus dem morgenland so weit,
740 als sie nun komen gen Jerusalem dar,

---

719. Was unter diesem Zeichen verborgen lag *C 524. A 728.*
nach 721. denn solches Zeichen andeut den Heyland, / So kommen ist in die Welt gantz unbekandt, / Den wir zu finden hefftig begeren *C 501.–503. A 705.–707.*
724. 725. Aber wie, will uns der Stern gar verlahn, / So wir als den Wegzeiger gesehen han *C 525. 526. A 729. 730.*
732. 733. Allda besser erkunden diese Geschicht, / Ob wir möchten haben ein rechten Bericht *C 533. 534. A 737. 738.*

da Christus schon geboren war.
Sie fragten in der stadt hienein [: hier frei]
wo der neue könig geboren sei,
der den juden verheißet war,
745 sie solten im anzeigen klar. [ab.]

   KÖNIG HERODES [tritt auf mit Lakei und] spricht:
Wann ich einmal werd unmuts vol
so gê ich und ergetz mich wol! [?]
In meinem reich der juden rat
[mir] weltlich und geistlich majestat [: magistrat]
750 befolhen hat und geraumet ein
daß ich alhier solt könig sein.
Heunte wern wir gerichte halten
reden mit jungen und mit alten,
die werden komen alzumal
755 herein in meinen königlichen sal [: königssal]
auf die [: in dem] wir nun gewartet han.
Lakei, schau fern, wer klopfet an.

   LAKEI spricht:
Gnädiger könig fremdes volk kombt vil
dessen schier zu finden kein maß noch zil
760 vil herren und könige mit sich bringen,
weiß nicht ob s' uns nicht möchtn umringen.
Mit herlichen kleidern sind s' angetan,
fast stolz und prächtig sie herein gan.

   KÖNIG HERODES spricht:
Erkundige von inen wo s' herkomen

752.–755. Heut werden wir gericht halten / mit den räten, jungen und alten /
die werden kommen all zumal / her auff den königklichen sal / Auff die wir
jetzundt warten than. / Geh, herolt! schaw, wer klopfet an *Hans Sachs, Entpfengnuß unnd geburdt Johannis und Christi. (Die aus Hans Sachs eingeschobenen Verse fehlen in C und A.)*
758. 759.   Gnädigster König Fremdling kommen herein, / Welche scheinen
hohen Standes zu seyn *C 535. 536.* Gnädigster König, fremdes Volk kommt
herein, / welches scheint aus einem sehr hohen Stande zu sein *A 747. 748.*

42

765 oder was zu tun sie han vorgenomen.

    LAKEI spricht [zu König Melchort]:
Ir herren 's will wissen 's königs majestât
was [ursach] ir seit komen in die stadt,
aus was antlitz und geschlecht [: aus was geschlecht] ir
                                                                                     seit entstanden,
daß ir zu uns [: her] komt aus fremden landen.

    KÖNIG MELCHORT antwortet:
770 Aus königlichem stam sind wir alle drei geborn,
zwên komen aus Saba, der dritte aus Morn,
wir begern könig Herodes selber zu begrüeßen
wofern es seiner lieb nicht möchte verdrießen.

    Der lakei bringt die antwort.
    HERODES spricht:
Laß sie komen alzumal behend
775 zu mir herein in mein losament.

    LAKEI spricht zu die drei könig:
Mein gnädiger herr könig euer gegenwart begert
und wil daß ir euer anligen selber erklärt.

    Die drei könige komen für HERODES, diser spricht:
Ir herren wilkomen, wie ist das bewant
daß ir zu mir komt aus fremdem land.

    KÖNIG KASPAR:
780 Euer lieb uns wolle verzeihen
die ursach ich kürzlich wil anzeigen:
nämlich zu Saba in unsern landen

768. 769. Was Condition, Geschlechts und Stands, / Dann ihr scheinet eines sehr fremden Lands C 545. 546. Was Konfession [!], Geschlecht und Stand, / denn ihr erscheint aus einem fremden Land A 757. 758.
nach 773. (Lakei:) Dieses will Königl. Majestat zeigen an, / Den Herrn zur Stund Antwort wider sagn C 551. 552. A 763. 764. *(Anschließend werden Melchorts Worte vor Herodes wiederholt, was natürlich auch in Oberufer geschah.)*
777. will daß eur Intent selbers erklärt C 560. will, daß ihr euch in denselben erklärt A 772.

ein ungewönlich gestirn ist entstanden,
darin eine jungfrau ein kindlein tragt [: kind tut tragn],
785 merkt auf was wir euch sagn behend [: sagn].
Dadurch wir erstlich haben vernomen,
wie daß ein neuer juden könig [: der messias] sei an kommen
ein könig neulich [: er] geboren wär,
dem dienen sol das jüdisch her,
790 den suchen wir mit allem fleiß
zu dem end erhuben wir unser reis.

   HERODES spricht:
Hat sich dis zugetragen hie zu land
und ist den fremden besser als mir bekant?
So ziht hinab nach Bethlahem von stunden
795 denn hier das kind nicht wird gefunden.
Suchet es, und wenn ir's habt
angebett und auch wol begabt,
so laßt behende mich es wissen
daß ich möcht sein zum erst [: zuerst] beflissen,
800 daß ich auch zu gleicher weis
das Kind anbete und mit geschenk beweis [: und im weis].
Das tut mir zu lieb ir herrn,
damit ich auch das kind möcht ern.

   KÖNIG KASPAR spricht:
Gnädiger könig [: Euer lieb], wiefern wir das kind finden,

784. 785. Darinn ein Jungfrau ein Kindlein tragend, / Merckt was zu euch gesagt behend *C 567. 568. A 779. 780.*
787. Wie der Juden König wär ankommen *C 570.* wie daß der Judenkönig sei ankommen *A 782.*
794.–803. *Schröer verweist hier auf die 6. Strophe des Liedes »Als Jesus geboren war« im Gesangbuch der böhmischen Brüder von 1544:* Macht euch auff gen Bethleem, / eylet hin von stunden, / Denn hie zu Jerusalem, / wird das Kind nicht funden! / Nur suchts dort, und wenn jrs habt / angebett und wol begabt, / so thut mirs zu wissen, / Auff das ich mich gleycher weyß / vor jm mit geschenck beweyß, / und des seyt beflissen!
800. 801. Auf daß ich auch mit gleicher Weiß, / Das Kind anbet und Geschenck beweiß *C 583. 584.* auf daß ich zu gleicher Weis' / das Kind anbeten und mit Geschenk beweis *A 795. 796. (Nach Schröer bedeutet bereits das einfache »einem weisen«: sich mit Geschenken einstellen.)*

805 so weln wir die botschaft wieder bringen.
    KÖNIG MELCHORT spricht:
Nun wolan!
so verlaßen wir [zu] Jerusalem den plan.
    KÖNIG WALTHAUSER spricht:
Sih, der stern tut wider herfür gân,
den wir gesehn hân,
810 im reich der morgenland,
da wir das neugeborn kind [: das kindlein] han erkant.
[Die drei Könige ab.]
    KÖNIG HERODES spricht:
Die zeitung mich nicht hat erschreckt ein wenig [: mich hat
                                                erschreckt nicht wenig],
weil ich bin ein fremder nicht ein [: kein] rechter könig.
Geh lakei, ruf die priester und schriftgelerten,
815 wil fragen, wo der neue judenkönig sol geboren werden,
dem dienen sol das jüdische her,
denn dein herr soll das maiste hörn [: Geh, daß dein herr
                                                    das neuste hör].
    LAKEI spricht:
Gnädiger könig ich verstê euer wort,
von stund an will ich laufen fort,
820 und [euch] aus dem ganzen land
bringen die hohen priester zur hand.

806.–811. Nun wölln verlassen Jerusalem den Plan. // Sihe, der Stern thut wider vorher gan, / Den wir bevorn gesehen im Morgenland, / Dardurch das geborn Kindlein han erkandt C 587.–590. A 799.–802.
812. 813. Diese Zeitung mich nicht erschreckt ein wenig, / Dieweil ich ein fremd und nit rechter König C 591. 592. A 812. 813. Vgl. das Lied aus dem Gesangbuch der böhmischen Brüder, dessen 3. Strophe in A 871.–880. gesungen wird: Da diß für Herodem kamb, / erschrack er nicht wenig, / Denn er war ein frembder Man, / nicht ein rechter König; / Wetzet bald inn seinem mut / sein Schwerdt auff des Kindes blut, / rüffet den gelerten, / Fraget, wo Christus der Held / kommen solt auff diese Welt, / sein volck zu erretten.
nach 813. Soll mein Reich von mir werden genommen, / Ein ander dasselbige überkommen C 593. 594. A 814. 815.

KAIFAS [Pilatus und Jonas springen herein, ihre Aussprache ist jüdisch, ihre Geberden ungemein lebhaft; alle drei sind in steter Bewegung, küssen sich selbst rechts und links springend, in gebeugter Stellung – die Tefillim? – die Schultern, küssen einander gegenseitig, schlagen die Hände zusammen und sprechen dem König mit karikierter, dem Gesagten immer entsprechender Geberde das letzte Wort im Chore nach] spricht [ganz nahe dem Herodes unter die Nase schreiend, unverständlich schnell]:

Herr, ich Kaifas, mein eigene lieb,
herr, ich euch recht [: nicht] unrecht gib'
ich wolt euch gewiß solchs zeigen an,
825 ich wolt euch gewiß solchs zeigen an,
wenn es mir königlich majestät
in keiner weis vor übel hät.

HERODES spricht:
Sagt herr, es sei euch schon vergebn,
ob es mir [auch] gefält nicht ebn,
830 vor übel hab ich's euch mit nichten
denn ich mich gern nach euch möcht richten,
wölt sonst nach euch gesant nicht han
mögt mir euer gemüet doch zeigen an.

KAIFAS, PILATUS und JONAS sprechen [zugleich]:
Gnädiger könig, das sag ich euch zur hand:
835 zu der stadt Bethlahem im jüdischen land,
wie es klärlich geschriben stêt,
wie bei den psalmmaistern der vers gêt:
sein son sol besitzen al seine feind,
auch al die ine zuwider seind,
840 vil volk wird im folgen auf erden!
wil in seinem namen gesegnet werden!
Sein name wird heißen Imanuel

836. 837. Wie solches klärlichen beschrieben steit, / Durch die Propheten zumal bereit. // Von dem Geschicht der Königen also steht, / Wie bey den Psalmisten der Verß geht *C 601.–604. A 821.–824.*
838. Dein Sohn soll besitzen die Thürn [= Türme] seiner Feind *C 605.* der Sohn soll besitzen die Tiere [!] seiner Feinde *A 825.*
841. Viel in seinem Namen gesegnet werden *C 608. A 828.*

46

wie es klärlich beschreibt Ezechiel:
renn bruder renn [: denn butter und] honig wird er essen
845 das gute erwälen, das böse vergessen.

    HERODES spricht:
Wie kan und mag nun dises sein,
daß die jungfrau sol geberen ein kindalein?

    KAIFAS spricht:
Des weibes samen wird der schlangen den kopf zertreten
und alles was verloren wird er wieder bringen.

    HERODES spricht:
850 Ein her der drei könig [: Ein herer könig] mir sagt frei
trug solches gäntzlich doch an keinen scheu [: und trug mir
                                             vor an' alle scheu],
er sagt: zu Bethlahem habn sie vernomen
daß uns zu trost ein erlöser sei ankomen,
ein gerechter fürst und warer hirt,
855 der uns alsambt regieren wirdt.
Möcht hiemit gern ein gewissenheit habn,
tu ich euch mit warheit sagn:
mein reich stêt hier in großer gefar
wie [: was] ich euch sage das ist war.

    KAIFAS spricht:
860 Mein herr, also ist es nicht zu verstên,
als solt eur reich zu grunde gên:
ein könig wirdt er werden genant,

---

843. Wie klärlich bezeiget Ezechiel *C 610. A 830.*
844. Rein Butter, rein Honig wird er essen *C 611.* rein Butter, rein das Hönig wird er essen *A 831.*
848. 849. Des Weibes Samen die Schlang wird tretten nider, / Alles was verlohrn bringen wider *C 615. 616.* Das Weib soll die Schlangen treten, / alles was verloren ist, bringen wieder *A 835. 836. (nach 1. Mos. 3,15.)*
850. 851. Der Königen einer mir sagt frey, / Trug solches gäntzlich keinen Scheu *C 617. 618. A 837. 838.*
nach 851. Ein König der Jüden zur Zeit ist geborn, / So wider bringen wird, was verlohrn *C 619. 620.*
859. So wie ihr sagt, dieses ist waar *C 628. A 846.*

aber keine gewalt habn in seiner hand;
verurteilen wird man in zu tod,
865 und sein volk halten für ein spot.

    HERODES spricht:
Besser wärs, so man im behend fürkombt
und in der jugend das lebn abnembt,
ê das volk möcht weichen auf sein seiten,
zuletzt entsteht ein blutiger streit
870 – – – – – – – –
weil zu mir kombt ein könig albereit.

    PILATUS spricht:
Euer königlich majestät, stellt euer gemut zu ru
und sêt diesem lauf noch ein wenig zu,
biß die weisen komen aus morgenland
875 und sagen es sei so bewant.

    HERODES spricht:
Wir befürchten es möcht werden bekant
enzwischen in dem jüdischen land,
weil wir gestrigs tags hân vernomen
daß ein engel zu den hirten auf's feld sei komen,
880 hab inen verkündiget neue mär,
wie ein neuer judenkönig geboren wär.
Herr Kaifas, sagt mir doch, wo auf erden
der neue judenkönig sol geboren werden,
dem dienen sol das jüdische her auf erden;
885 was sagen eure propheten dazu [: dann]?

864. 865. Verurtheilen wird ihn zu dem Todt / Sein Volck, ihn haben für ein Gespot *C 633. 634.* verurteilt wird er werden zum Tod, / sein Volk wird ihn halten für ein Spott *A 851. 852.*
870. 871. Leichtlich entspringen möcht ein solches Leid, / Dieweil zu ihm kommen König allbereit *C 639. 640. A 657. 658.*
882.–894. Sagt mir! wo soll geborn werden / Christus, ewer messias auff erden? / Was sagn ewer propheten darvon? // Vil alt propheten zeigen an, / Christus, der könig außerkorn, / Der werdt zu Bethlehem geborn. / Die statt ligt im jüdischen landt / . . . / Nun geht nur ab und schweiget stil! / Die sach ich unterkomen wil. *Hans Sachs.* (*Die Hans-Sachs-Verse fehlen in C und A.*)

JONAS spricht:
Weil alle propheten zeigen an:
Christus der könig ist auserkorn,
der wird in der stat Bethlahem geborn.
Die stat ligt im jüdischen land
890 wie die propheten zeigen zu hand.

HERODES spricht:
Ist gut
ich hab euch schon gehört genug;
nun tretet ab und schweiget stil,
der sach ich schon unterkomen wil
895 ich wil bald wetzen mein schwert, sin und mut, [: erwegen
                                          in mein sin und mut],
wie ich werd vergießen des kindes blut:
des lacht der teufel in der hel
schlagt sich zu meinem ungesel?
sol ich erst komen in solche not?
900 vil lieber wärs mir ich läg tot.
Was sol ich tun, was sol ich sagn?
es ist nicht anders in den tagn,
ich muß verzagn vor mein end
und erst komen in solches ellend.
905 Beraubt wird mir mein königliche kron,
ich weiß nicht wie ich es solt lôn.
Komt denn und tröst' mich niemand heut?
es sein gleich geister oder leuter?
Ich wil mich inen versprechen gar
910 und inen folgen immerdar:
ei seit ir denn alle verzagt?
– – – – – – – –
o wê, o wê, wer hilfet mir?

895. 896. Will wetzen mein Sinn und mein Muth, / Wie möcht vergiessen des Kindes Blut C *651. 652.* A *869. 870.*
897.–913. *Die aus der Handschrift entnommenen Verse waren zu Schröers Zeiten nicht mehr üblich; sie fehlen in C und A.*

TEUFEL [springt lustig herein] spricht vor Herodes:
Wer hier, wer da? was felet dir?
915 oh dir versag ich nimermer!
Sag an, was ist dein groß beschwer,
daß dein not so hart tust klagn?

HERODES spricht:
Vor angst möcht ich schon gar verzagn,
die weil ein neuer judenkönig ist [geborn]
920 übers jüdische land auserkorn:
wo sol ich armer teufel hin?

TEUFEL spricht:
Schweig still, ich auch ein teufel bin!
ein teufel läßt den andern nicht,
ich wil dir helfen aus [: zu] der pflicht
925 wie du dein sach solst greifen an,
der neugeborn könig wird uns nicht entgân:
ich bin im gleich so hold als du,
ich wil dir schon rat gebn dazu, –
drum rüst dich bald und verzih nit lang.

HERODES spricht:
930 O gesel um eins ist mir noch bang,
daß ich sol 133 lân erstechen
das macht daß ich mich kan fürsehn,
daß man mir nicht mit in' gleich lont;
gewiß würd meiner nicht verschont
935 wann ich so übel handeln tât.

TEUFEL spricht:
Ich wil dir sagen an der stat:
wans d' ein teufel wilst sein, so mirks, so mirks:

914. *Was ir, was ir, was fehlet dir A 1123.*
914.-949. *Wie Karl Benyovszky mitteilte, blieb bei der Oberuferer Aufführung die ganze Teufelsszene weg; sie findet sich auch nicht in der Comedia und im Wallerner Manuskript; im Andauer Manuskript gehören die Verse 914.-928. zum Schluß des Spiels.*

— — — — — — — — —
      und must es wagen ein solchen zorn,
940 [daß d' nit schonst selbst was ungeborn]
      daß dir weder weib noch kind erbarm
      und gleich sei reich und gleich sei arm
      und [: du] must umbringen alle knäbelein,
      die zweijärig und drunter sein
945 und ich lach in meine faust
      gleichwie unser gans hat wol gemaust [: gleich wie der fuchs
                                                    die gans wol maust].
      Drum rüst dich bald, verzeuch nit lang;
      ich far dahin im namen Bix Bax
      zu meiner geselschaft rauch und rabs.

        KOMPANIE singt hienein:
950 Mit Got so laßen wir unser gesängelein klingen!
      als nun Herodes die red vernomen – [?]
      sie ziehen alle drei,
      der stern leucht in vorane,
      zu Bethlahem tete der stern stil stan.

        DIE DREI KÖNIGE singen:
955 Ein kind geborn zu Bethlahem [usf.; wie 249.-268.]

        KÖNIG KASPAR spricht:
975 O herr ich bit,
      verlaß uns nit!
      erleucht unser augen in der not,
      daß wir nit entschlaffen in den tod,
      geleit uns, herr, auf rechter ban
980 daß wir alhier nicht irre gân
      und ler' uns dein gesatzung recht.

        KÖNIG MELCHORT spricht:
      Hier sind zwên weg, welchs ist der recht?

946. wie unser gatz [=Katz!] hat wol gemaust *Ragendorf.*
950.-954. *Nach Benyovszkys Angaben wurde das Lied nicht von der Kompanie, sondern von den drei Königen gesungen.*

KÖNIG WALTHAUSER spricht:
Sihe, der stern hier tut stille stân,
komt, wir weln zum kind in stal ein gân.
985 Grüeß euch Got, mein zartes jungfrauelein,
ist hier nicht das gewünschte kindalein?

MARIA singt:
Hier ligt das gewünschte kindalein
gewickelt in schlechte windalein.

KÖNIG MELCHORT spricht:
Nun wolan!
990 Lâßt uns auftan unser geschank und opfer
[Weihrauch, myrrhen und das] rot[e gold].

KÖNIG MELCHORT singt:
Psalamite psalamite one jene do [: Psallite unigenito]
Christum Deum filio [: Christo, dei filio]
[psallite redemptori,
995 domino puerulo,
jacenti in praesepio.]

DIE KÖNIGE singen:
Nun welcher wil der erste sein?

KÖNIG KASPAR spricht:
Euch, dem ältern gebürt die er;
so tut vor uns zuerst einkern,
1000 so folgen wir im nach behend.

KÖNIG WALTHAUSER:
Ich gebe die ere dem die ere ê gebürt.

KÖNIG MELCHORT spricht:
Ich wil mich um die ere gar nichts wenden,
in Gottes namen gê ich vor

989.–991. (Balthasar:) Wir wollen hingehn zu diesem Plan, / Das geborne Kindlein zu beten an. *C 659. 660. A 887. 888.*
992.–996. *Das lateinische Lied wurde nach Schröers und Benyovszkys Angaben bei den Aufführungen nicht mehr gesungen.*

und bring dem kind ein neues jar.

KÖNIG MELCHORT [kniet vor Maria] tut obfern:
1005 Gegrüeßt seist du kleines kind,
gegrüeßt sei Got, daß ich dich find,
eine werte [: weite] reis wir habn getan,
auf daß wir dich noch treffen an.
Ich wil dir obfern rotes gold,
1010 ich bit du welst mir bleiben hold.
Habt ir das kind in ern allezeit [: alle zwei]
und zieht es auf als eltern treu.
Fürwar, es wird euch nicht geraun [: betragn]
und nembt vorlieb mit meinen gabn.

KÖNIG KASPAR obferung:
1015 O du vil edler könig, o edler held,
wie hâst du so ein armes gezelt,
wer hät' dich hier gesucht in stal,
o du vil edler königssal [: ist das dein edler königssal?]
ein stern hat mich zu dir her gefürt,
1020 o könig, dem al êr gebürt,
dich wil ich rüemen alle stund
und preisen hoch mit meinem mund,
dein lob verkündigen in aller welt.
1025 [Nim hin vil edler könig und held]
die frücht meines lands die mirren gut,
nim mich vorhin [: dafür] in deiner hut
in das rechte Bethlahem so schon,
im namen dein scheid ich da von.

KÖNIG WALTHAUSER obferung:
Nun kom ich auch o könig zart,
1030 o edler held von hohem ort [: hoher art],

1007. Ein werthe [!] Reiß wir haben gethan C 663.
1015.–1036. *Die Opferszenen in C 667.–678., A 895.–906., Wallern und Preßburg weichen in gleicher Weise von Oberufer ab; auch opfert zunächst Balthasar die Myrrhen, dann Caspar den Weihrauch.*

dein beger ich aus herzens begird,
ein stern hât mich zu dir gefürt,
nim hin das obfer den weihrauch gut,
wies allen königen gebürn tut,
1035 mein herr, wenn ich öfter kom zu dir,
bit wollest weiter sein gnädig mir.

JOSEF spricht:
Meine lieben herrn belon euchs got,
daß ir uns besucht hâbt in der not
und mitgeteilt von euren gabn,
1040 ir solt auch gute belonung habn:
[von] unsern kindlein reich von güeten
Got wird euch fürbaß wol behüeten.

MARIA singt:
Ir herrn, ich sag euch fleißig dank
für eur wertes obfer und geschank:
1045 und welt euch damit bestätigen lâßen
und wider frisch wandern euer strâßen.

KÖNIG KASPAR spricht:
Nun wolan, lieber Josef mein
lâß dir das Kind befolhen sein,
kein mü und fleiß an im nicht spar,
1050 der herr wird dich belonen [zwar].

KÖNIG WALTHAUSER spricht:
Nun behüet dich der almächtige Got,
vor kumer, angst und aller not,
behüet dich der ewige vater dein,
von dannen es mueß geschiden sein.

KÖNIG MELCHORT spricht:
1055 Nun weln wirs Herodes zu gfallen tan,
im sagn wo das kind sei zu treffen an,

1033. 1034. Nimm hin dir opffer bittere Myrrhn, / Wie Göttern zu thun sich will gebühr n *C 669. 670. A 897. 898.*

doch weln wir hier bleibn über nacht,
denn die zeit hat die finster herbeigebrâcht.
 DIE DREI KÖNIG singen und schlaffen ein.
Ich lag in einer nacht und schlief. - - -
 ENGEL trit vor die könige und spricht:
1060 Ir heiling drei könig aus morigenland,
Got der almächtige hat mich zu euch gesant,
daß ich euch solt machen offenbar
daß ir meidet solliche gefar,
daß ir [nicht] ziehet die vorige ban
1065 zum könig Herodes, dem tyran.
Denn Herodes fürt heimling zorn an' mâß,
Got begleit euch heim ein andre straß.
 Die könige erwachen vom schlaff und sprechen:
 [MELCHIOR:]
Ein seltsamen traum hab ich gehört,
als wenn mir hät ein engel erklärt,
1070 daß wir sollen meiden Herodes haus
und ein andern weg ziehn aus;
denn Herodes fürt in seinem mut,
wie er wolt vergießen des kindes blut.
 KÖNIG WALTHAUSER spricht:
Desgleichen ich auch hab vernomen
1075 von dem engel der in unser gemach sei [: ist] komen,
daß Herodes hingricht sein herz sin mut [: hat gricht
  sein sin und mut],

1059. (Gallus im Traum:) Ich lag in einer Nacht und schlief, / mir träumt, wie mich König David rief, / wie ich soll dichten und reimen / von 'n heilgen drei König ein neues Lied, / sie liegen zu Kölln am Rheine. *A 368.–372.; so auch in Wallern und ähnlich in Preßburg.*
1064.–1067. Lencket nit zu Herodi wider, / Sonder ziecht ein andre straß nider! / Wann er tregt heimlich tödtlich haß. / Gott belait euch heim ewer straß! *Hans Sachs. (Die Verse finden in C und A keine Entsprechung.)*
1068. 1069. Ein seltzam Gethön ich hab gehört, / Als wers uns von dem Engel gewehrt *C 705. 706.* Ein seltsames getön ich hab gehört *Preßburg.*

wie er wolt vergießen des kindes blut.
Herodes steckst du aber in solcher bosheit,
bei dir einzukeren von uns sei weit.

DIE KÖNIGE singen hienaus:
1080 König Walthauser zieget von berg herabe –
wie er das kindlein gefunden hâte –
ja wol gefunden hâte. [ab.]

ENGEL spricht zu Joseph:
Josef, Josef du frommer man,
merk was ich dir wil zeigen an,
1085 von Got der mich zu euch gesandt:
Maria nim zu dir behend
mitsambt dem kindlein hoch genant
und flieh hin in Egyptenland.
Nicht wider nach Judaea kum
1090 bis ich dir es sag widerum.

JOSEF spricht:
O wo solln wir hin bei der nacht
aber wer hât das ellend erdâcht,
wie kumen wir in's Egyptenland,
die straßen sind uns unbekant.
1095 Auch unsicher vor wilden tiern
und räubern, die da revoniren [: herumhantiern?]
auch ist es mächtig fer dahin.

1086.–1090. Joseph, Joseph, steh auff geschwindt! / Nimb die mutter und auch das kindt / Und fleuch hin in Egyptenlandt! / ... / Nicht wider in Judea kumb, / Biß ich dirs sage widerumb! *Hans Sachs. (Die Verse finden in C und A keine Entsprechung.)*
1091.–1097. Ach, wo sol wir hin bey der nacht? / Ach, wer het deß unglücks gedacht? / Wie könn wir in Egyptenlandt? / Die strassen sindt uns unbekandt, / Auch unsicher von wilden thiern / Und mördern, die drinn umb refiern [= im Revier umherschweifen]. / Auch ist sehr mechtig ferr darein *Hans Sachs. (Die Verse fehlen in C und A.)*

MARIA singt:
Got wird schon unser geleitsman sein
und uns fürn auf rechter sträßen
1100 Got tut die seinen nicht verlaßen,
wird sein engel mit uns senden
uns regiern an alle enden.
Dadurch steh auf in guter ru
und richt nur bald den esel zu.

JOSEF stêt auf und spricht:
1105 Behüet dich Got du liebes haus,
es wird ja doch nichts anders draus; [?]
ich muß dich lâßen nach Gottes willn,
daß wir sein ersts gebot erfülln.

MARIA singt:
Adie, adie, es muß gewandert sein,
1110 wir ziehen in's Egyptenland hienein. [ab.]

KÖNIG HERODES gêt mit Pagi hienein.
Ob ich mir gleich täte fürsetzen
daß ich so reichlich wolt beschätzen
die weisen aus morigenland
mit listigkeit und schwindem ton [: geschwinder hand],
1115 desgleichen den neuen könig gut,
so spür ich doch in meinem mut
daß ich von inen wird betrogn
und habn mir redtlich vorgelogn.
Nun fürcht ich mich gar grausamling
1120 mein königreich daß es gering

1098.–1104. Got der wirt unser gleitzman sein, / Uns zeigen weg und auch die strassen, / Wann er wirt die sein nit verlassen, / Sonder sein engel mit uns senden, / Der uns beschütz an allen enden. / Darumb steh auff on all ruh / Und richt uns baldt den esel zu, / Der mich und auch das kindt thu tragn! / Wir wölln auff sein, eh es thut tagn *Hans Sachs. (Die Verse fehlen in C und A.)*
1117. 1118. Bey Jove dem Gott bin ich nicht betrogen, / Haben mir die König nicht fein vorgelogen? *C 725. 726.* Beim Judengott ... *A 1003.* Bei Jehova dem Gott ... *Preßburg.*

möcht werden in ser kurzer zeit.
Nun ist von nöten daß ich bescheid,
mit diesen sachen umzugên:
wie wil ich in die läng bestên?
1125 ich denk bald hin, ich denk bald her
wie ich ertappen möcht von ungefär
den neuen könig und stets gedenk
was ich im möcht halten vor ein geschenk.
Ich wil mit im umgên subtil
1130 gleich wie der fuchs treibt sein gespil
mit einer feißten hennen gut
wan er hât einen frischen mut;
ich wil mit im spiln das garaus,
gleich wie die katz wol mit der maus.

— — — — — — — — —

1135 Aber itzt fält mir ein geschwind
wie ich ertappen möcht das kind:
ich wil mit mein kriegsvoik geschwind
von stund umbringen vil der kleinen kind,
ich wil mich sollichs unterwinden
1140 alle knäblein in Juda lan umbringen;
was acht ich ob gleich alle müetter
über mich schreien mort und zetter,
wan ich nur bleib mein's reichs ein erb
und nicht so plötzlich gar verderb.

Hauptman gêt zu Herodes hienein.

MARIA gêt für Herodes und singt:
1145 Gnädiger könig, gedenkt an barmherzigkeit,
fürwar es wird euch plötzlich tun leid,

1139. 1140. Ehe will ich mich dieses unterwüngen, / All Knäblein Judeae lassen umbringen C 739. 740. A 1017. 1018. (Im übrigen finden die Verse 1111.–1144. in C und A keine Entsprechung.)
1145.–1148. Wie im Vordernberger Spiel, worauf Schröer verweist, werden auch in C 757.–760. und A 1035.–1038. die Verse von der »Königin« (der Frau des Herodes) gesprochen, und zwar vom Darsteller der Maria.
1146. Warlich es wird euch letzlich thun leid C 758. A 1036.

wenn ir vergießt so vil unschuldigs blut,
sêt zu, gnädiger könig, was ir tut. –
    HERODES spricht:
Pack dich hinweg, du närrisch weib!
1150 weist nicht was 's gibt für angelegenheit?
genomen wird mir mein regament
wo ich dem übel nicht bevorkömbt [: bald vorwend].
Soltst du mich [noch] erst regieren
das wil einem könig nicht gebürn!
1155 Ir knecht, ir habt vernomen wol,
was ein jedweder tun sol,
alhier habt ir das königliche mandat
das eur herr und könig befolhen hat;
publiciert's an allen ortn und enden,
1160 nieman sol euch von der straff abwenden [: jederman sol
        sich bei straff dran wenden].
    HAUPTMAN spricht das mandat:
Ire königliche Majestât
uns mit einem scharffen mandat befolhen hât,
daß man sol umbringen alle knäbelein,
die zweijährig und darunter sein.
1165 Es sol weder helfen gut noch geld,
sollichs unserm herrn könig gar wol gefält.
Wer diesen Geboten wird widerstreben,
den sol es kosten sein hab, gut und leben.
    JUDAS kombt zu Herodes [spricht sehr karikiert jüdisch]:
O wê, o wê der scharffen Mandat!
1170 der könig die macht unsers lebens hât,
soln wir lâßen ertöten unser' knäbelein?
ach was wird's gebn für schmerz und pein!

1150. Merckst nit was gibt vor ein Ungelegenheit *C 762. A 1040.*
1160. Niemand von dem sich bey Straff abwenden *C 772.* niemand soll sich
sonder Straf abwenden *A 1050.*
1164. So da unter dem andern Jahre seyn *C 776. A 1054.*
1169.-1172. *Die Verse sprechen in C das »Jüdisch Heer«, in A »Juden«, in
Wallern ein »Jüdischer Herr«! Der Text ist in A 1059.-1062. arg verstümmelt.*

HERODES spricht:
Diser mensch sol des todes schuldig sein,
nembt in und steckt in in's gefängnis hienein.
HAUPTMAN spricht zu Judas:
1175 Du boswicht wilst du disn gebotten [: dem könig] widerstrebn,
es sol dir kosten dein hab, gut und lebn.
Ists nicht besser daß die klein kinder sterben,
als daß wir allesambt mit inen verderben?
[legt sein Schwert mit der Spitze an Judas Hals und entfernt sich so mit ihm während dieser jämmerlich schreit. – Pause.]
HERODES spricht:
Geh, lakei, lauf, hol mir herein
1180 den aller getreusten hauptman mein.
HERODES spricht zu hauptman:
Sê hin, hauptman, hier hast du dis schwert
und 4000 man mit irem besten gewer
und zieh' hin über das gebürg
und alle kleine knäblein erwürg!
1185 Laß dich bestechen mit keiner gab,
sonst kosts dein lebn, wie ich dir sag,
tötet die kindlein alle zugleich,
sie seien arm, jung oder reich
ich wil dir geben doppelte besold,
1190 ich wil dich zaln mit rotem gold.
HAUPTMAN spricht:
Was königliche majestat
mir jetzo befolhen hat,
hab ich mit freuden angehort
auch recht vernomen alle wort:
1195 Ich wolt solchs volbringen in höchster treu,
versprechen tu ich's an' alle scheuh
denn mein ganzer sin und mut

1185.–1188. Lasset euch bestechen mit keinen Gaben. / Anders kost es euer Leben, thu ich euch sagen, / Tödtet die Knäblein im Land all zugleich, / Sie seynd gleich Arm oder auch Reich C 747.–750. A 1025.–1028. *(Im übrigen haben die Verse 1179.–1216. in C und A keine Entsprechung.)*

aller da hin trachten tut.
Ich wolt, ich hätt' sie vor mir bald,
1200 gewis ich mich nicht lang saumen wolt'
sondern [wolt] mit diesem schwert geschwind,
umbringen vil der kleinen kind!
das herz im leib mir lachen tut,
wenn ich siech laufen rotes blut:
1205 ich mein als wan man hochzeit macht
daß man vil küe und kälber schlacht.
Nun wolan, so gê ich von der stat,
zu tuen, was mir königlich majestat
in ernst mir befolhen hat. Lakei lauf,
1210 hilf mir auch recht draufschlagn [: schlagen darauf]!
    PAGI spricht:
Ja herr, in dieser stund wil ich hauen und stechen
so vil ich kan, kein mensch sol mich erwehrn [: erstechen].
    HAUPTMAN spricht:
Aber ich siech ein haufen trabanten
ein haufen trawanten und starke knecht,
ich sag die wer'n sich wol schicken recht:
1215 wolauf, herr könig, seit gutes muts [: habt guten mut]
mir [: wir] welln vergießen des kindes blut. [ab.]
[Pause]
    HAUPTMAN geht hienein und spricht:
Euer königlich majestat nembt mich wol in acht,

1217.–1231. *Die Kriegsknechtszenen sind in C 791.–802. und A 1069.–1090. umgestellt. Nach 1225. fehlt bei Schröer ein zweiter Kriegsknecht mit der Version:* Sechzig 1000 ist mein zal *(so in M. Wendelins Manuskript). In der Comedia hat der gleiche Kriegsknecht, der C 751.–754. den König anfleht, sein Söhnlein von dem Mandat zu befreien (so auch in Andau, Wallern, Vordernberg, Ragendorf), nun die Worte des Lakaien (2000* umbracht), *während sich die drei andern Gesellen in ihren Angaben von 6000, 8000 bis zu* ein Hundert tausend vierzig acht *steigern. Ohne die anschließende Teufelsszene schließt die Comedie sowie das Preßburger Spiel mit den Worten des Herodes:* Wolan hinweg ist alle Gefahr, / Die mir wegen des Kindes entstanden war. / Diese Sorg von mir ihr habt genommen, / Derwegen ein gut Lohnung solt bekommen. *A 1091.–1094.*

        einmal 100 000 vier und vierzig und acht
        hab ich mit meiner hand umbracht;
1220 wolauf, herr könig, seit gutes muts [: habt guten mut]
        wir han vergossen des kindes blut. [ab.]

        KRIEGSKNECHT kombt:
        Achtzig 1000 ist mein zal
        die ich hab umgebracht überal
        den hab ich auf die letz ertappt
1225 und hab im schnapps! den kopf abgehackt.

        KÖNIG HERODES spricht:
        Habt dank ir knecht alle drei zugleich
        ich wil euch schenken mein königreich [: halbes reich]!

        PAGI spricht:
        Hiebei sêt euer königliche majestât
        wie ich nachkomen bin der selbing mandat:
1230 zum zeichen hab ich 2000 umgebracht
        und den an der mutterbrust ertappt.

        TEUFEL spricht:
        Gnädiger könig, ich bin auch wieder komen,
        und hab meine kinder auch mitgenomen
        die han in [: an] mir sich so vermessen,
1235 und habn die bratwürst mir al aus der taschen gfressen,
        ê ich inen geb ein bissen brot,
        ê leg ichs nieder und schlags maustot.

        HAUPTMAN spricht:
        Eur königliche majestat merkt euch [: auf] von stunden:
        aber den neugebornen könig han wir nicht gefunden.
1240 gesucht han wir an aln ort und enden [: aller end und ort]
        aber von dem könig habn wir nicht gehort,
        aber alle knäbelein,
        die zweijärig [: zwei jar] und darunter sein

1232.– 1237. *Der aus der alten Handschrift stammende Text war zu Schröers Zeit nicht mehr im Gebrauch.*

die han wir umgebracht nach des herrn worten
1245 ich mein es ist vollendet worden.

  HERODES spricht:
Nun weil ich den neugeborn könig nicht hab gefunden
er ist gewis von mein reich entgangen [: aus dem reich
             entschwunden].
Jetzt bin ich schon halbtot [: halber tot],
die weil geborn ist ein neuer Got,
1250 aber ich wil selber schaun wo ich in kan finden
ei, wenn ich in zu Bethlahem im stal tät finden!

[Pause.]
Ach, ach und imer ach
wie bin ich halt [: heunt] so schwach.
Bringt mir ein apfel und ein messer her!

  PAGI spricht:
1255 Daß ich mein herrn ein labnuß bescher.

  ENGEL kombt für Herodes, singt:
Herodes, Herodes du grober tyran
was han dir die klein kindlein getan
daß du's hast laßen umbringen
wart' der tod wird dich bald umringen.

1254. *Diesen Vers spricht nicht der Pagi, sondern Herodes selbst, was Schröer und Benyovszky für »unpassend« und »selbstredend unrichtig« hielten. Daß Herodes einen Apfel und ein Messer begehrt, um mit letzterem seinen Qualen ein Ende zu machen, ist nach Johannes Boltes Hinweis ein aus Josephus' Geschichtswerk entlehnter Zug, der schon in Hans Sachsens Tragödie vom Wütrich König Herodes wiederkehrt:* O das ich einen apffel het, / Der meinen durst mir leschen thet! (Salome:) Da hast ein schönen apffel du. (Herodes:) Leich mir ein messer auch darzu! (Er nimmt das Messer, zuckt es hoch auf, will sich erstechen.) – bringts mir ein Apfel und a Messer her, / damit ich mir ein Lobnus scher *A 1120. 1121.* Kein anders Mittel ich weiß nimmermehr, / bring mir ein Messer und ein roten Apfel her *Wallern.* Ach, jetzt weiß ich nichts bessers mehr, / als ein Messer und ein Apfel her *Pamhagen.*
1258. 1259. daß du sie hast lassen alle umbringen. / wart, wart, der Tod wird gleich mit dir ringen *A 1112. 1113. (Die Verse werden vom Tod oder Teufel wiederholt.)*

HERODES spricht:
1260 Ach wie ein heller glanz hat mich umgebn,
es ist geschehen um mein lebn,
geh Lakei, lauf, hol mir herein
den allergetreusten hauptman mein. [er kommt.]

HERODES spricht:
Sê hin, hauptman, da hast du dis präsent
1265 das verer' ich dir vor meinem end
das zeitlich hat uns zu ser gelibt [: mich zu ser verwirrt]
der teufel hat mich dadurch verfürt:
ich far dahin in Abrahams garten.

ENGEL spricht:
Ir teufel tut nur seiner warten
1270 und füert in heim, [in eur nest,]
der von her euer treuster diener ist gewest
und kleidt in als ein könig schon
und setzt im auf die hellische kron.

HAUPTMAN, PAGI und die zwen KRIEGSKNECHT:
Was hilft der hohe thron
1275 der szepter [und] die kron
szepter und regiment
hat [alles] bald ein end.

TEUFEL spricht:
Duck di Jagel, duck di.
Hast die saure mülich alle ausgfressen
1280 und hast das quaten [?] in häfen laßen.

1274.-1277. *Aus dem Lied »Sagt, was hilft alle Welt?« von Johann Mattheus Meyfart, woraus in Andau zwei Strophen, in Wallern fünf Strophen gesungen wurden. Schröers Annahme, daß dieses aus dem 17. Jahrhundert stammende Lied in Oberufer erst später eingeschoben wurde, ist unrichtig.*
1279. 1280. *hast du die puttermilch ausgefressen / hast das quadten in hefen lassen Ragendorf. Quark vielleicht in der Bedeutung von Dreck, Kot; nach Grimms Wörterbuch VII, 2316.*

HERODES spricht:
O teufel, laß mi länger lebn,
ich wil [dir] ein schwarz par ochsen gebn!

TEUFEL spricht:
Nix da,
di wil i han.

HERODES spricht:
1285 O teufel, laß mi länger lebn
i wil dir ein schwarz par rappen gebn.

TEUFEL spricht:
Nix da,
di wil i han.

HERODES spricht:
[O teufel] laß mi länger lebn
1290 ich wil [dir] mein halb königreich gebn.

TEUFEL spricht:
Ei, was welln wir zanken imer dar
ist doch unser aller zwar!
müeßen noch mer hienein
in die hellische pein,
1295 nicht du allein!
Wart, ich wirs probiern obs du schwer bist.
Spann ich an ein par ratzen,
spann ich an ein par katzen,
spann ich an ein par mäus:
1300 reiß, teufel, reiß. [ab mit Herodes.]

HAUPTMAN spricht:
Ach, was hat mein herr könig getan,
daß er die klein kinder hat umbringen lan,
eu hätt' ich mich zuvor bedacht,

1281. 1282. Teufel, Teufel, laß mich länger leben, / ich wil dir ein Gschloß geben *Pamhagen. (Weiter wird dem Teufel* ein gscheckati Bruthenn *sowie* Gold *angeboten; Teufel:* Ich pfeif dir drauf, ich brauch gar nix.)

ich hätt sie gewis nicht umgebracht,
1305 – – – – – – – –
ach könt ich es noch erlangen,
am höchsten baum wolt ich mich erhengen [: gleich hangen]!
Ach könt ich es doch erreichen
im tiefsten mer möcht ich mich ersäufen!
1310 Aber ich wil mich an meinem herrn könig rächen
und wil mich mit diesem schwert erstechen.

    KUMPANIE singt hienein:
Seit frölich und jubilieret
Jesu dem messiä [usf. bis 1328; das bekannte Lied N. Hermanns.]

    ENGEL spricht zu ende:
Ersame, wolweise, großgünstige herrn
1330 auch tugendsame fraun und jungfraun in alln ern,
dieweil ir unser gspil habt gehört an,
sie wollen [: bit wolt] uns nichts vor übel han,
sie möchtens uns zum argen nicht auslegn
sondern unserm unverstand die ursach gebn:
1335 [wenn wir etwas gefehlet hier
und nicht gehalten die rechte zier]
sondern ein jedweder das beste betracht,
so wünschen wir von Got dem almächtigen ein gute nacht.

1312.–1328. *Nach dem Andauer und Wallerner Text zu schließen, wurde das bekannte Kirchenlied Nicolaus Hermanns nach der im Kölner Gesangbuch von 1610 abgedruckten Version gesungen:* Seid fröhlich und jubilieret / Jesu dem Messiae! / Der die ganze Welt regieret / Ist ein Sohn Mariae / Lieget in dem Krippelein / Beim Ochsen und Eselein. / O du liebes hoch und zartes Kindelein, / Du bist mein, ich bin dein! / Jauchzet, springet, / Klinget, singet! / Hodie, hodie, hodie / Ist geboren Christ das Kindelein / Mariae, Mariae, Mariae, / Und hat von uns weggenommen / Alles Weh, alles Weh, alles Weh. / Hilf, daß wir bald zu dir kommen, / O Christe! *vgl. A 1095.–1109.*
1329.–1338. *Das Andauer Spiel schließt diese (vom Pagi gesprochenen) Verse unmittelbar an den Comedia-Epilog an: A 1189.–1198.*
1332.–1336. so bitt ich euch, ihr wollet nichts für ungut habn, / wann wir etwas haben gefehlet hier / und nicht gehalten die rechte Komedie Zier, / so bitt ich euch, ihr wollet euch nichts in Übel auslegen, / sondern unsern Stand [!] die Ursach geben *A 1192.–1196. (Die Verse 1335. 1336. fehlten in der Oberuferer Handschrift.)*

DAS OBERUFERER PARADEISSPIEL

Die COMPANIE singt hienein:
Singen wil ich aus herzens grund,
weils gibt das gemüte mein,
o herr, gib mirs in meinen sinn [: mund],
das komt zum lobe dein!
5 denn du bist doch mein Got
red ich ân' allen spot,
der alle ding erschaffen hat
und regiert nach seiner woltat [: seinem rat],
nun preiset imer Got!
10 Ein baume in der mitten stunt;
der trug köstlîche frücht;
den in verbot der liebe Got:
sie solten davon nicht
essen von baumes stam,
15 solten seiner müeßig gan.
Der baum solt sein das lêben:
darum will Got nicht hâben
daß sie essen davon. [Sie ziehen ab.]

Die Verse aus Hans Sachs' »Tragedia von der schepfung fall und außtreibung Adae aus dem paradeis« (1560) werden nach der Ausgabe von Adelbert von Keller, Bd. 1, Tübingen 1870, zitiert; zur besseren Übersicht sind sie von 1 bis 1008 durchnumeriert, wogegen die Zählung bei Keller auf jeder Seite neu beginnt. HS = Hans Sachs.

Der ENGEL GABRIEL tritt auf:
Ich trit herein ân' allen spot,
20 ein schön gutn abend geb euch Got,
ein schön guten abend ein glückseligkeit [: glückselge zeit],
die uns der herr von himel geit.
Ersame, wolweise, großgünstige herrn
und tugendsame fraun in allen ern,
25 bit wolt euch nit verdrießn lan,
eine kleine weil zu hören an
nämlîch von Adam und Eva weis,
wie s' wurden geschlagn aus dem paradeis.
Wenn irs wolt hörn in guter ru,
30 so schweigt still und hört uns fleißig zu. [ab.]

Die COMPANIE singt hienein:
Wie küel scheint uns der morgen,
die sonne leicht [: leit] verborgen.
Got lobn wir schon
im höchsten thron.

35 Wir komen daher von Babilon
und singen euch al mit freuden an
Got lobn wir schon
im höchsten thron.

Als Got in seiner herlichkeit schwebt
40 erschuf er alles was da lebt.
Got lobn wir schon
im höchsten thron.

[Ja alle tiere zam und wild,
darnach schuf er des menschen bild.
45 Got loben wir schon
im höchsten thron].

43.–46. *Die von Schröer aus anderen Spielen eingeschaltete Strophe fehlt in Oberufer.*

HERR GOT spricht:
Im anfang erschuf Got alle ding,
die erd und auch den himelring.
- - - -

Auch schuf Got das ganz firmament
darauf zwei große liechter stend.
- - - -

Eins ist der tag, das andre nacht,
das hat Got alls gar wol gemacht.
- - - -

   Die COMPANIE singt:
Er schuf Adâm mit ganzem fleiß
60 und setzt in in das paradeis.
Got lobn wir schon
im höchsten thron.

   HERR GOT spricht:
Adâm, nim an den lebendigen atem,
daß [: den] du empfangest mit dem [tahen]!
65 dann die vernunft [: nim an vernunft], dabei betracht,
daß ich dich hab aus erdn gemacht. –
Nun, Adam, fange an zu lebn
und trit auf deine füße ebn!
Sag an, Adam, wie gefalt es dir,

47.–58. Ich hab erschaffen alle ding, / Das erdtrich und der himel ring. / Auch beschuff ich das firmament, / Daran zwey grose liechter stend, / Eins dem tag, / das ander der nacht. / Das hab ich alles wol verpracht. *HS 26.–31. (Diese Verse wurden in Oberufer nicht gesungen, sondern, wie bei Hans Sachs, ohne den Refrain vom Herr Got selbst gesprochen; nur die letzte Strophe wurde wieder gesungen.)*
63.–68. So nemb den lebendigen athen, / Auf das du empfechst nach den thaten / Die vernunfft! doch darbey betracht, / Das ich dich hab auß laim gemacht! / Nun fahe an dir selb zu leben! / Tritt herfür auff dein füsse eben! *HS 58.–63.*
69.–75. Adam, sag an! wie gefelt dir / Der newen welt geschmuck und zier? / Verwundert dich der erden last / Oder der liechten sunnen glast? / Des gstirns am firmament gestelt? / Zeyg an, was dir daran mißfelt! / Sag! wann ich es auch geren west. *HS 152.–158.*

70 die neue welt mit ir schmuck und zier?
Verwundert dich nicht der erden ganz?
oder der schönen sonnen glanz?
oder des firmaments gestalt?
Sag an, Adâm, wie's dir gefalt,
75 denn ichs von herzen gerne west.

ADAM spricht:
O herr, es ist aufs allerbest
was schuf dein götlich majestat.
Mich erschuf nach [: auch] dein götlicher rat
daß ich erkenn mein höchstes gut
80 und weiß aus meines herzens mut
nach dein' götlichen willn zu lebn,
denn du hast mich erschaffen ebn
auf erdn nach deiner bildnuß zier.

HERR GOT spricht:
Adâm nim war recht alle tier,
85 die gib ich dir in deine gewalt,
daß sie dir dienen mannigfalt,
samt dem gebirg der erd und klüften
auch samt den vöglein in den lüften,
wie auch den fischen in wassers strom,
90 das ist mein geschepf hier alzusam.
Ich teil mit dir mein regiment,
ein herr solst heißen ewig genent.

76.–83. O herr, es ist aufs aller best, / Was ye beschuff dein mayestat. / Mich erschuffst du on meinen rat, / Das ich erkenn dich, höchstes gut, / Und weyß in meim hertzen unnd mut / Nach deim wolgefallen zu leben, / Wann du hast mich erschaffen eben / Auf erd nach deines bildes zier. *HS 159.–166.*
84.–90. Adam, nem war nun alle thier! / Die gib ich dir in dein gewalt, / Das sie dir dienen manigfalt, / Sampt dem gwürm in der erden grufft / Und auch die vögel inn dem lufft / Unnd fischen in der wasser-stramen. / Mit den geschöpffen allensamen / Hab ich reichlich versorget dich *HS 167.–174.*
91. 92. Teyl doch mit dir mein regiment. / Herr solt du sein an diesem End *HS 182. 183.*

Im garten solst haben weiten raum,
ich gib dir gewalt über alle baum',
95 davon doch vil schön früchten hangen,
die magst du essen nach dein' verlangen,
dir z' einer kostbarlichen speis
alhier wol in dem paradeis.
Doch wil ich almächtiger Got
100 dir geben nur ein einziges gebot,
nämlich vom baum des bösen Guts [: bös-und-gut]
der in der mitte wachsen tut,
[der ist der best stêt in der mitt]
von dem solst du ja essen nit.
105 Wirst du dich aber so vermessen
von dem verbotten baum zu essen,
so solst d' des ewing todes sterbn,
plötzlich hernach wol gar verderbn.
Hierbei merk daß ich bin dein Got,
110 der dir das leben und den tod
hat gebn und kans auch wider nemen.

COMPANIE singt:
[Adam erkent sein schepfer ebn,
der alls und jedes hât gegebn.
Got loben wir schon
115 im höchsten thron.
Er gab im alle frucht mit fleiß

93.-104. Auch hast darinn inn weytem raum / Aller art gut fruchtbare baum / Daran die süssen früchte hangen. / Die magst du essen mit verlangen / Dir zu ainer kostreichen speiß. / Iedoch in diesem paradeiß / Wil ich als der allmechtig Got / Dir geben ein einig gebot, / Nemlich, vom baumen böß und gut, / Der in der mit auffwachsen thut, / Von dem selben solt du nit essen! *HS 210.–220.*
105.-111. Wo du darvon eßt so vermessen, / Wirst du des ewing todtes sterben / Mit einem ewigen verderben. / Hie bey erkenn, das ich dein Got / Bin, der dir leben oder tod / Kan geben und auch wider nemen / Unnd dein gemüt und willen zemen! *HS 221.–227.*
112.-127. *Die von Schröer aus dem Salzburger Paradeisspiel eingeschalteten ersten vier Strophen fehlen in Oberufer.*

alhier zu einer köstlichen speis.
Got loben wir schon
im höchsten thron.
120 Nur ein baum der wird ausgenomen
daß er nicht möcht zu schaden komen.
Got loben wir schon
im höchsten thron.
Der baum solt wissen bös und gut,
125 Got spricht: das behalt in deinem mut.
Got loben wir schon
im höchsten thron.]
Got ließ falln ein schlaf so süß [: tief]
wol auf den Adam und er schlief.
130 Got lobn wir schon
im höchsten thron.

Ein rieben nam er aus Adams leib
daraus schuf er Adâm ein weib.
Got lobn wir schon
135 im höchsten thron.

HERR GOT spricht:
Ein rieben nam ich aus Adams leib,
daraus schuf ich dir Adâm ein weib. –
Adâm erwach und bald aufstê,
hier hast du deines gleichen ein [: zur] ê.
140 Sie ist zugleich aus deinem leib,
ein mitgehilfin, sie ist dein weib,
sie ist zugleich aus deinen rieben

---

128. 129. *nach 1. Mos. 2, 21:* Da lies Gott der Herr einen tieffen Schlaff fallen auff den Menschen / vnd er entschlieff. (süß *statt* tief *auch im Salzburger und Vordernberger Paradeisspiel.*)
138.–141. Wach, Adam! wach und bald auff steh! / Da hast du deins gleichen eh. / Sehin! da hast du gleich deim leib / Ein mitghülffin; das sey dein weib! *HS 298.–301.*
142.–143. Sie ist genummen auß dein rieben / Deiner seytten; die solt du lieben. *HS 304. 305.*

darum solst du sie billich lieben.
Mein engel beschütz euch auf allen wegn,
145 über euch sei alle zeit mein segn.
Mert euch, seit fruchtbar, erfüllt die erdn,
was ir bedürft das sol euch werdn.
Bleibt nur in mein gehorsam allezeit [: alzeit].

ADAM spricht:
Herr, dazu bin ich bereit,
150 denn du hast mir jetzund gebn
al creatur dazu auch mein lebn.
Sih an, Eva, wie lieblicher weis
ist hier zu wonen im paradeis,
welches uns der lieb herr Got hat gebn
155 an alle mü und arbeit zu lebn.
Und haben nur ein einzig gebot,
welchs uns verboten [: gegeben] hat unser Got.
Ei höre nur die vöglein singen
und alle [: und sih die] tierlein herum springen.
160 viel schöne baum' in die massen [: an' mâßen]
stengen hier und sind uns zugelâßn [: sind hier uns überlâßen],
davon zu essen wo wir wolln,

144.-148. Mein engel bschütz euch alle wegen! / Über euch sey allzeit mein segen! / Meret euch und erfült die erden! / Als, was ihr dürfft, das wirt euch werden. / Bleibt in meinem ghorsam allein! *HS 308.-312.*
149.-151. Herr, das zu thun bin ich bereyt, / Wann ich bin dein, du hast mir geben / All creatur, darzu mein leben. *HS 242.-244.*
152. 153. Schaw, wie lieblich lüstiger weiß / Ist die wonung im paradeiß! *HS 336. 337.*
154. 155. Welches der herr uns hat eingeben, / In ruh gar on arbeyt zu leben. *HS 340. 341.*
156. 157. Und haben ein eynigs gebot, / Das uns gab unser herre Got. *HS 348. 349.*
158. 159. Hör, wie lüstig die vögel singen! / Schaw, wie die külen brünlein springen! *HS 338. 339.*
160.-169. All baumen sind uns frey gelassen, / Darvon zu essen was wir wöllen; / Allein ein baum wir meyden söllen / Des gut unnd bösen in der mit. / Von dem sollen wir essen nit, / Sunst werden wir des todtes sterben, / An leib und seel ewig verderben. / Drumb denck deß baums müssig zu gehn *HS 355.-362.*

    nur ein baum wir meiden solln,
     der ist der best, stêt in der mitt,
165 davon solln wir jâ essen nit.
    Und so wir uns wern vermessen
    vom verbotten' baum zu essen
    so wern wir [: solln wir] des ewing todes sterben
    plötzlich hernach wol gar verderben.
170 Hierbei erkenn wir unsern Got
    der uns das leben und den tod
    hat gebn und kans auch wieder nemen.

    COMPANIE singt:
    [Sie warn nun vol der herlichkeit,
    alls war zu irem dienst bereit.
175 Got lobn wir schon
    im höchsten thron.]
    Alsbald der teufel es inne ward
    kom er heimlich geschlichen dar.
    Got lobn wir schon
180 im höchsten thron.

    In einer schlangen weise
    wol in das paradeise.
    Got lobn wir schon
    im höchsten thron.

    TEUFEL spricht:
185 Ich kom herein ins paradeis
    geschlichen in einer schlangen weis.
    Got hat erschaffen zwo person
    und hat s' gezieret so wunderschon
    und hat s' gesetzet in sein haus:
190 aber ich wil schaun wie ich's bring heraus.

170.–172. Hie bey erkenn, das ich dein Got / Bin, der dir leben oder tod / Kan geben und auch wider nemen *HS 224.–226.*
173.–176. *Die erste Strophe ist von Schröer aus dem Salzburger Paradeisspiel eingeschaltet worden.*

Drum kom ich in das paradeis.
ich richt daß die leut [: s'] essen von der speis.
Warum von den andern früchten alln
derfens essen nach irm wolgefalln?
195 und von dem [: disem] baum allein
die frucht zu essen sol verbotten sein?
Adam, wenns du wirst essen von der frucht reich,
so wirst du wern deines herrn gleich.
Drum, große Eva, nim den apfel zu dir
200 und iß jâ nach dein's herzens begier
und gib dem Adam auch davon.

    COMPANIE singt:
Sie brach den apfel von dem zweig
und gab in z' essen Adams weib.
Got lobn wir schon
205 im höchsten thron.

    EVA spricht:
Ich bin dein weib und du mein man.
Ich bit schau nur den baume an:
er tragt die allerschönste frucht
desgleichen ich hab nie versucht.
210 Ich wil in kosten wie er schmeckt. [tut es]
So ich die warheit sagen sol
schmeckt mir die frucht vom herzen wol.
Ich bit du wellst auch kosten in,
hast du mich lieb so nim in hin!
215 Er schmecket so fürtrefflich wol.

192. 195.–198. *Die ursprünglichen Verse wurden, wie auch sonst, von Schröer metrisch geglättet.*
202. Sie = *die Schlange.*
206.–209. Ich bin doch dein, hertzlieber man! / Ich bitt dich: schaw den baumen an! / Der hat die aller süsten frucht, / Der gleich du vor nye hast versucht. *HS 611.–614.*
213.–215. Ich bitt, du wölst auch kosten ihn. / Hast du mich lieb, so nem ihn hin! / Er schmeckt so uberlüstig wol. *HS 615.–617.*

ADAM spricht:
So ich den apfel essen sol,
so iß ich in durch deine bit,
um meinethalbn iß ich in nit.

COMPANIE singt:
Sie gab dem Adam auch davon
220 da wurden seine augen aufgetan.
Got lobn wir schon
im höchsten thron.
[Und als er aße, zu der stund
da ward die ganze welt verwundt.
225 Got lobn wir schon
im höchsten thron.]

TEUFEL spricht:
Ich bin der êteufel genant,
den êleuten [bin ich] gar wolbekant.
Ich gib den êleuten iren sin
230 ich spriche, es sei gar gering:
der man sol sich derhenken,
das weib sol sich dertränken:
damit komens ir marter ab.
Bei mir in der höll habens schon ir grab.
Gleichwie ich Adam und Eva hab betrogn
235 und hab in' beiden vorgelogn,
daß sie haben brochen Gottes gebot
und geßen was in Got verboten hatte [: verbot].
O recht, [o recht] eim solchen ratzen!
ein solchen apfel gib ich nit um ein batzen

216.–218. *Wenn ich den apfel essen sol, / So iß ich in nur durch dein bitt. / Von mir selb eß ich in gar nit. HS 630.–632.*
219. 220. *nach 1. Mos. 3, 6. 7:* vnd gab jrem Man auch da von / Vnd er ass. Da wurden jr beider Augen auffgethan.
223.–226. *Die zweite Strophe ist von Schröer aus dem Salzburger Paradeisspiel zugefügt.*
nach 233. Der Reimvers fehlte in der Schröerschen Handschrift, findet sich aber in M. Wendelins Manuskript sowie in der Preßburger Handschrift.

240 hätten Adam und Eva kletzen gfressen
's wâr in tausendmal nütze [: nützer] gewesen.

ADAM spricht:
Ach wie ist mir mein gemüt verwandelt!
o weib, ich hab ser übel gehandelt,
auf daß ich hab gefolget dir.
245 Jetzt siech ich das bloße schwert vor mir:
[bin] gänzlich nackend und auch bloß.
O weib, wir habn uns versündigt groß.

HERR GOT spricht:
Adam, wo bist, kom her zu mir!

ADAM spricht:
O herr, hier bin ich,
250 vor dein augen schäm ich mich.

HERR GOT spricht:
Warum schämst du dich?

ADAM spricht:
Weil ich hab dein gebot gebrochen.

HERR GOT spricht:
Meinst du, es bleibt dir ungerochen,
dieweil ich dir den baum allein verbot?
255 sag an Adam, wer dirs geheißen hat.

ADAM spricht:
Ach herr, ich schwer bei meinem lebn,

---

nach 241. *folgt in der Preßburger Handschrift:* Durch meine list und fröderei / hab ich solchs zuwegn bracht frei.
242.–247. O wie ist mein gemüt verwandelt! / O weib, du hast übel gehandelt. / Weh, das ich hab gefolget dir! / Ietz sie ich erst, das beyde wir / Sind gantz nacket und darzu bloß. / Wir haben uns versündet groß, / Das wir brachen Gottes gebot. *HS 637.–644.*
252. 253. Hab layder dein gebott zerbrochen. // Meinst du, das es bleib ungerochen? *HS 782. 783.*
254. 255. Da ich den baumen dir verbot, / Sag an, wer dich geheyssen hat, / Das du von diesem baum solt essen! *HS 796.–798.*

die Eva, die du mir zum weib hast gebn,
die gab mir solche frucht zu essen:
Das hett ich ir ja nit vermeßen [: jâ hett ich mich des nit vermeßen].
260 Ein apfel sie vom baume brach
und biß darein daß ich es selbst sach
und brach also dein gebot
von stunden kombst du herre Got.

HERR GOT spricht:
Wo ist das weib die dis hat tan.

ADAM spricht:
265 O herr, hier tut sie unterm baume stân.

HERR GOT spricht:
Eva, sag an!
warum hâst du das getan?

EVA spricht:
Ach herr die schlang hat mich dazu gehetzt,
auf daß ich hab al zu der letzt
270 hab geßen von dem verbotten baum.
Ach herr, das welln wir nit mer tan.

HERR GOT spricht:
Engel Gabriel, wo bist? komm her zu mir!
das bloße schwert das gib ich dir
auf daß du Adam und Eva weis
275 solst schlagen aus dem paradeis:
durch mein gewalt kraft und er,
darein sie komen nimmermehr.

257.–261. Das weib das hat von ersten gessen, / Das du mir gabst; das bate mich / Zu essen, also aß auch ich, / Weyl ich sach, das ihr nichts geschach. / Derhalb so leg auff sie die rach! / Ich het es sunst nit ton bey leyb. *HS 799.–809.*
264.–269. Sag an, Adam! wo ist dein weib? // Herr, da iß im gesteudig [= Gebüsch] stan. // Sag weyb! warumb hast das gethan? // Die schlang hat mich darzu verhetzt, / Das ich auch gessen hab zu letzt. *HS 810.–814.*
274.–277. Treib auß die newen Gottes weiß / Auß dem gartten des paradeiß, / Auß wollust, frewden, gwalt und ehr! / Darein sie kummen nimmer mehr. *HS 859.–862.*

COMPANIE singt:
Es kam ein engel also weiß
und schlug sie aus dem paradeis.
280 Got lobn wir schon
im höchsten thron.

ENGEL spricht:
Ich hab empfangen ein gebot
wol von dem allerhöchsten Got
daß ich Adam und Eva weis
285 sol schlagen aus dem paradeis.
So gêt nun aus dem paradeis
und baut das feld mit allem fleiß!
und du Adam in angst und not
in schweiß gewinen solst dein brot
290 und du Eva mit schmerzen
solst kinder gebern unterm herzen.

EVA spricht:
Ach wê ich arm ellende frauen [: mir armen frauen],
sol ich die schand des ellend bauen [?]
muß es denn sein, so well wirs wagn
295 uns Got dem almächtigen befolen habn
und folgen gänzlich seiner ler.

ADAM spricht:
Mein liebes weib, so kom nur her!
ach Got, wann soln wir wider komen?
300 ich bit mein Got ruf uns bald wider!

ENGEL spricht:
So gêt nun aus dem garten wider [: nider]!
ich wil euch langsam rufen wider.

288. 289. Und solt forthin essen in not / Im schweyß deines angsichts dein brot. *HS 845. 846.*
299. 300. Wenn sol wir aber wider kummen? / Ich bitt dich: rüff uns bald herwider! *HS 891. 892.*
301. 302. Geet nur bald auß dem garten nider! / Lancksam wir dir her rüffen müssen. *HS 893. 894.*

EVA spricht:
Ich bit mein Got du wellst mich nicht verlaßen.

ENGEL spricht:
Eva, du solst kein zweifel fassen!
folg deinem man, erzih dein kind,
305 so verzeicht dir Got al deine sünd.

COMPANIE singt:
Alsô ward Adam und Eva weis
geschlagen aus dem paradeis.
Got lobn wir schon
im höchsten thron.

TEUFEL spricht:
310 Ich hab die zwo person betrogn,
und hab s' aus dem paradeis gelogn:
abr ich wil schaun wo ich sie kan finten
wils gleich mit meinen ketten zsambinten.
Herr richter ich schrei rach und zeter
315 über Adam und Eva, die zwen übeltäter
weil 's haben dein gebot gebrochen
ich weiß es bleibt nit ungerochen.
[denn sie sind gestoßen in d' sündliche welt
welches mir trefflich wolgefält.
Da bin ich tag und nacht dabei
wo allezeit unglück vorhanden sei
da blos ich hinten und vorn zu.
Bei mir in der hellen habns kein ru.
Ich wil gleich tapfer hitzen
daß sie mit mir zugleich schwitzen.
Ich wil sie füren in mein reich,
da müßen sie brinnen und braten zugleich.]

nach 317. sind die zehn in der Oberuferer Handschrift fehlenden Verse nach Schröers Vorschlag aus der Preßburger Handschrift einzuschalten.

Ich wil sie binten mit ketten und band
und niemand sol sie mir reißen aus der hand.

    HERR GOT spricht:
320 Pack dich weg, Satan, du hellenhund!
weiß nit was für schändlich wort du hast laßen aus deinem mund.
Staub und erde sol dein speise sein,
und gegen der andern tiere brauch
solst du fortkriechen auf deinem bauch.
325 Sih hier, wie ist Adam worden so reich:
einem Gotte ist er worden gleich,
er weiß das bös und auch das gut,
da er sein händ aufheben tut
und lebet danach ewiglich.

    COMPANIE singt hienaus:
330 O heilige dreifaltigkeit,
o göttlichs regiment,
den tod, teufel und auch die hel,
die hast du al zertrent
und hast das ewige lebn
335 uns allen wider gebn.
Sei hochgelobt in ewigkeit!
Got der al unser gedanken weiß
er wil uns sein reich geben.

    ENGEL spricht:
Ersame, wolweise, großgünstige herrn,
340 wie auch tugendsame fraun und jungfraun in ern,

322.–324. *So sei darumb verfluchet nun / Vor allem viech und thieren auch! / Nun solt du kriechen auff deim bauch / Und dein leben lang essen staub. HS 816.–819.*
325.–329. *Secht! wie ist yetz Adam so reich, / Ein gott worden, uns gantz geleich! / Er weyß das böß und auch das gut, / Auff das er nit auß frechem mut / Sein hand außstreck zum baum des lebens, / Brech ab die frucht und eß vergebens / und lebe darnach ewigklich. HS 851.–857. (nach 1. Mos. 3,22.)*
330.–338. *Das Lied ist die letzte (14.) Strophe des Eingang-Liedes »Singen will ich aus Herzensgrund« (Schröer).*

weil ir unser gspil habt gehöret an,
bit wolt uns nicht vor übel han,
wolts uns zum argen nicht auslegn
sonder unserm unverstand die ursach gebn
345 wenn wir etwas gefelet hier
und nicht gehalten die rechte zier:
ein jedweder das best betracht!
so wünschen wir von Got dem almächtigen eine gute nacht.

Ende des spiles.

339.–348. *Der Epilog des Engels entspricht dem Epilog des Oberuferer Weihnachtsspiel 1329.–1338. Im Anhang teilte Schröer eine Erweiterung aus der Preßburger Handschrift mit (nach 342.):* nämlich wie Got alle ding erschaffen hat / die menschen nach seinem götlichen rat, / hats erschaffen nackend und bloß / nach seinem ebenbild aus einem erdenkloß / und hat sie in das paradeiß gesetzt / aber die schlang hat Adam und Eva verhetzt, / daß sie haben zerbrochen Gottes gebot / und aßen was jnn Got verboten hat / und haben also Gottes gebot übertreten / dadurch sind sie kamen in angst und nöten / auch letzlich verdamt zum ewigen tod / bis aus gnad der barmherzige Got / sein eingeborn son hat in die welt / gesant zu seinem lösegelt.

GEISTLICHE KOMEDI VON DER GNADENREICHEN GEBURT UNSERES HEILANDS UND SELIGMACHERS JESU CHRISTI

Nach einer Handschrift aus Andau (Niederösterreich)

GESANG:
Mit Freud so wollen wir heben an,
drei König aus Morgenlande [: Oriente]*,
das Best, so man erdenken kann,
so singen wir behende.
5 [Als] Jesus Christus [: ein Kindlein zart,/] von einer Jungfrau reine
durch Gottes Kraft geboren war,
erschien ein Stern so kleine,
der leuchtet also wunderschön
wohl aus dem Morgenlande,
10 bewegen der heiling drei König ein Kron,
keiner den andern kannte.

PAGI:
Freundlich gegrüßt seid ihr all,
so in Freuden einige stets [: einig jetzt] dazumal
begehren die Komedie zu respektieren,
15 euch geistlich damit zu rezitieren [: recreieren],
seid gleich wessen Stand oder Gelegenheit,
so sind euch alle unsre Dienst bereit;
die Sach, die man hier will traktieren,
will man euch kürzlich zu Gemüte führen,
20 ein Ding, so von den Propheten stark bewährt,
auch von den Evangelisten höchstlich erklärt,

---

* *In eckigen Klammern stehen Emendationen, die sich aus dem Vergleich mit anderen Handschriften oder mit der Comedia von 1693 ergeben.*
1.–11. *Das Lied »Mit Freud so wollen wir heben an« auch in Preßburg, Wallern und Pamhagen.*
12.–57. *Der Prolog auch in Preßburg und Wallern sowie C 1.–46.*

welches Micheus zum Öftersten andeut,
auch Mathäus gar klärlich beschreibt,
wie Christus, Gottes Sohn vom Himmelreich
25 den Menschen begehrt werden zugleich,
der Herr mit dem Knecht sich kann jungieren [: sich conjungieren],
den Teufel dadurch zu runieren,
zerbrechen mit Gewalt die höllische Pfort,
die erlösten Vetter [: Vätter] zu führen fort;
30 im Stall der Seligmacher war geboren
von Maria, der Jungfrau auserkoren.
Er duldet große Kälten nackend und bloß,
mit Zittern liegend in seiner Mutter Schoß.
Kein Windlein, noch Speis war bei der Hand,
35 des Kindes Herrschaft allein [: allen] ganz unbekannt,
so lang, bis von der englischen Schar
den Schäfern auf dem Felde verkündiget war,
diese hochfreudenreiche neue Mär,
wie Gott Mensch zu Bethlohem geboren wär.
40 Die Engeln frohlocken und sich aufschwingen,
das Gloria in excelsis singen.
In Morgenland erschien ein neues Gestirn,
welches die drei König zum Kindlein tut führn,
versehen mit Gaben in Stall eingingen
45 das Wunderkindlein mit Freuden empfingen,
präsentieren Gold, Myrrhen und Weihrauch,
so den Göttern zu tun war in Gebrauch.
Wie sie zu Herodes weiters nicht seind kommen,
als sie den Bescheid von Engeln vernommen,
50 was Maßen Herodes aus Verzagen
seinen Scharganden bald ließ ansagen,
die Kindlein zu töten mörderlich überall,
so da unter ein ander Jahreszahl;
ferner wie Josef von Engeln Geheiß,
55 aus Bethlohem ins Egyptenreich [: Egypten verreist];
solches sollet ihr mit mehreren vernehmen,

bitt, wollet euch quemlich [: gewöhnlich] bequemen.
GESANG:
Kaiser Augusti leget an
die erste Schätzung jedermann,
60 da macht sich Josef auf die Fahrt
mit Maria der Jungfrau zart
von Nazareth ins jüdische Land
in sein Stadt Bethlohem genannt;
als sie nun kommen waren dar,
65 Maria ihr Söhnlein gebar.

JOSEF:
Augusti ein Gebot an uns getan,
als soll sich schätzen lassen jedermann,
es soll bei Straf all Häupter insgemein
mit Zahlung des Tribut bereitet sein;
70 nunmehr kein Geld jetzt so bei der Hand,
des [: zur] Leibes Notdurft ich als Gewand [: alles gewandt],
kein Groschen Geld zur Zeit in meiner Macht,
dieses Elend sei dir leider Gott geklagt.
Weiß euch kein Mittl, Geld zu bekommen,
75 meine Kräften von Tag zu Tag abnommen,
das Handwerk weiter nicht weiß zu üben,
solches tut mich schmerzlich betrüben,
doch soll ich diese Schätzung entrichten
vermöge geleisteten Eides Pflichten.

MARIA:
80 Ach Josef, gebt euch ein wenig zur Ruh,
ein Freund will ansprechen morgen zur Fruh,
bei solchen das Geld zur Schätzung borgen,
bitt, seid nur diesfalls ohne Sorgen.

JOSEF:
Maria, wer hat das Geld so viel,

58.–65. *Das Lied »Kaiser Augustus leget an« auch in Oberufer, Preßburg und Wallern.*

85 der uns die Summe ersetzen [: vorsetzen] will,
das Geld, das mangelt an allen Ort und Enden,
Gott wolle dieses zum Besten verwenden [: wenden].

MARIA:
Andere Mittel sind nicht zu finden,
lasset uns das Öchslein zugleich anbinden,
90 mitführen nach Jerusalem in die Stadt,
wohin uns Augusti beschrieben hat
allda [um] billige Bezahlung verkaufen,
wird hiemit die Schätzung ablaufen.

JOSEF:
So wir das Öchslein zur Schätzung da geben,
95 wovon erhalten wir weiter das Leben,
worauf gesetzt all unser Hoffnung und Heil
solches so leichtlich ausbieten weil [: feil],
da wo zwei Schätzung [: Schaden] sein zu geben [: zugegen],
ist das kleinste daraus zu erwählen.
100 Darum Maria, das Öchslein bring herbei,
will mit dem Esel nicht weit von dir sein.

MARIA:
So wir nun kommen in die Stadt hinein,
wo binden wir hin das Ochs und Esolein?

JOSEF:
Ein Wirt mir allda ist wohlbekannt
105 mit Namen Rufinus ist er genannt,
denselben wollen wir sprechen an,
ob wir können einstellen das Ochs und Esolein.

MARIA:
So etwan andre uns fürkommen
und dieses Losament eingenommen,
110 dieweil viel Volk ohne Zahl, Maß und Weis'
jetzund nahe zu Bethlohem zu reist.

JOSEF:
Schau an, die Stadt tut sich was nahen,
laß uns etwan das Vieh fortjagen,
damit nicht gesperret wird das Tor
115 und über Nacht bleiben müssen davor.

MARIA:
Ach Josef, laßt uns nicht eilen so sehr,
der Gang ankommt mir gar zu schwer,
die Straß wegen des Eis ist viel zu glatt,
ein stetigen Fall zu besorgen hab,
120 mein Gliedmaßen von der Kälte eingenommen,
befürcht, es möcht zum Übelsten bekommen.

GESANG:
Weil Maria schwanger ging
zu Augusti Zeiten,
sie [: sich] die Prophezeihung erging
125 niemand dürfte streiten;
war vom Kaiser ausgesetzt,
daß die ganze Welt geschätzt
ihm nun war verbunden.
Da ging jedermann zum Ort
130 und zur Stadt seiner Geburt,
war gehorsam gfunden.

JOSEF:
Abends wollen wir die Glieder erweichen
und sie mit warmen Tüchern bestreichen.
Maria, anjetzo bei dem Wirtshaus bin,
135 da ich dich verheißen zu führen hin. –
Grüß euch Gott, Rufinus, mein guter Freund,
könnt ihr uns nicht beherbergen heut?
Wir sind sehr müd und matt von langer Reis',
wie das ein jeder Wandersmann wohl weiß,

122.-131. *Das Lied »Weil Maria schwanger ging« auch in Oberufer, Preßburg, Wallern und Pamhagen.*

140 die Luft uns sehr heftig zugesetzt,
mit Schärfe der Gesichter ausgesetzt.

RUFINUS:
Mein Freund, euch bald anderswo hinwendt,
es ist all bereits besetzt das Losament,
besetzt sind alle mein Zimmer und Gemach,
145 solches ich euch, glaubt, mit Wahrheit sag.

JOSEF:
Kein Mensch mir weiters ist bekannt,
der uns möcht reichen eine hülfliche Hand,
doch wollen wir an dieser Hülf nicht verzagen,
sondern unser Glück noch weiter wagen,
150 den Nachbarn begrüßen wir ebener maßen,
ob er uns in sein Haus möcht einelassen;
mein Freund, habt ihr in eurem Haus nicht so viel Raum,
daß wir uns ein wenig niedersetzen kunnt [: kaum].

RUFINUS:
Was hab ich mit dir und deinem Weib zu schaffen,
155 wer weiß, wo ihr kommt hergeloffen,
packt euch ohne Verzug von der Tür
und macht weiters keine Unruh mir.

MARIA:
Erbarmen wollst du dich, o höchster Gott,
daß wir abziehen müssen mit solchem Spott,
160 vor Kälten und Angst allhier müssen sterben,
wo wir nicht bald eine Herberg erwerben.

RUFINUS [: DITTUS]:
Mein Frau, was erhebt ihr für ein Klagen
und wollt gänzlich allhier verzagen,
ihr seht zwar beiderseits selber wohl,
165 daß mein Haus der Fremdling ist sehr voll,

---

154. *Die beiden bösen Wirte werden von dem gleichen Spieler (»Rufinus«) dargestellt.*

wollet aber den Stall nehmen für gut,
das bin ich euch zu statten in guten Mut.
   MARIA:
Mein lieber Wirt, uns alles gilt gleich,
wir liegen über Nacht hart oder weich,
170 den Leib der Schnee allein nicht bestreicht
und der Wind etlicher Maßen abweicht.
   DITTUS:
Wohl an, so tret herein auf allen Fall,
bis in mein Haus leer wird dieser [: in diesen] Stall.
   GESANG:
Sie gingen ein wenig um Herbergs bas
175 wohl in die Stadt,
Josef war ein alter Mann,
um Herberg bat, eija.
Ach lieber mein Wirt, beherberg uns heut,
mich und das kleine Kindolein,
180 dazu die Fraue;
der Wirt sprach: Ich wills gerne tun,
trets ein in die Scheuer.
Sobald Maria in die Scheuer eintrat,
da war sie froh,
185 Josef war ein alter Mann,
der bett mit Stroh, eija,
Josef war ein gottsfürchtiger Mann,
er macht das Seinige weit davon,
er fürcht sich sehre,
190 Maria nahm ihr vertrautes Kind,
wickelts ein in die Härte.
   JOSEF:
Morgen zur Früh will ich bald aufstehn
und zu Kaiphas dem Metzger gehn,

174.–191. *Das Lied »Sie gingen ein wenig um Herbergs bas« auch in Wallern (»Sie gingen ein wenig vorwärts los«).*

    demselben anbieten dieses Tier,
195 werd hören, was er geben will dafür;
    sobald verkauft, den Tribut entrichten,
    hiemit Augusti Willens [: Willen] pflichten.

    MARIA:
    Ob auch das Tierlein möcht gelten so viel,
    daß wir erlangen dadurch unser Ziel.

    JOSEF:
200 Einiger Zweifel mir nicht ist daran,
    hoff noch etwas hieraus bei zu Handt.

    MARIA:
    Ach Josef, die Zeit nunmehr ist vorhanden,
    daß ich erlöst werd von Fruchtesbanden,
    die Geburt sich tut nahen herbei,
205 wie mir Gabriel verkündiget frei,
    mein Herz erfüllt mit großer Freud,
    so mir ankündiget fröhliche Zeit;
    sieh weiters, das Kind bereits geboren,
    so bringen wird wieder, was war verloren,
210 aber wie groß die Kälten, wie scharf der Wind,
    ich fürcht, es möcht schaden diesem Kind.
    Den Wirt bitt, daß er uns möcht sehr leihen [: verleihen]
    und uns in seine Behausung lassen aufsteigen.

    JOSEF:
    Diese Bitt wird mir gar schwerlich gewährt,
215 dieweil ich zu vielmals begehrt;
    jedoch will ich getröst zum Wirt eingehen
    und mich in seiner Behausung umsehen,
    ob etwa ein Platz möcht gefunden werden.

    MARIA:
    Es wär gleich auf der bloßen Erden,
220 so wird doch das Kind von der Kälten frei sein
    und nicht mehr leiden ein solche Pein.

JOSEF:
Herr Dito, ein Kind uns klein geborn,
welches zur Nacht schier gänzlich erfroren,
darum seid gebeten, laßt uns behend
225 mit dem Kind steigen in euer Losament.

DITTUS:
Wahrlich, euer Bitt gern wollt Platz geben,
so sind zwanzig kommen eben,
so besetzt mit dem meinigen die leere Stätt,
sehet zu, daß ihr mit dem Kind wo anders hingeht,
230 ich auch als ein Wirt von mir gestalt
all mein Haus und Losament Gewalt.

JOSEF:
Maria, unser Bitt ist all vergeben,
wir müssen im Stall bleiben wie vor und eben,
darum, daß 's Kind von der Kälten möcht frei sein,
235 leg's ein in die Kripp, zwischen Ochs und Esolein.

MARIA:
Geklagt sei Gott dieser Schmerz und Qual,
so wir leiden müssen in diesem Stall,
bevor ob [: bevorab] das zarte Kindlein klein,
so von allen Sündenmakel ist rein;
240 Josef, bring her ein Büschlein Heue,
damit ich dem Kind ein Bettolein streue.

JOSEF:
Mein Herz, mein Willn und all mein Sinn,
nimm hin, du allerliebst Söhnerlein.

GESANG:
Ein Kind geborn zu Bethlohem,
245 in diesem Jahr,
es freuet sich Jerusalem,

244.–259. *Das Lied »Ein Kind geborn« auch in Oberufer, Preßburg, Wallern und Pamhagen.*

in diesem Jahr frohlocken wir,
die Mutter des Herren ehren wir
mit ihrem Kindolein zart,
250 Christus, den Herren, den preisen wir
mit unserem Lobigesang.
Hier liegt es in dem Krippolein,
in diesem Jahr,
ohne End so ist die Herrschaft sein,
255 in diesem Jahr frohlocken wir,
die Mutter des Herren ehren wir
mit ihrem Kindolein zart,
Christus, den Herren, den preisen wir
mit unserem Lobigesang.

GALLUS:
260 Huscha ha, husch, husch, daß uns Gott behalt [: erhalt],
wie is es heint so jämmer kalt,
schneidt mich der Wind so sehr in mein Gesicht,
daß ich meine Ohrn empfind gar nicht.
Schneidt mich der Wind so sehr in meine Nasen,
265 daß ich möcht mit Lust a paar Pfund Roßbratl hergrasen,
holade, wenn die Kälten wird a so fortfahren,
so müssen wir uns um a Ort besser bewahren,
nachst [: nachts] hab i dem Stichl die Handschuh geliechen,
vielleicht wird er mirs gar verlieren;
270 holade, bringt er mich diesmal darum,
so hab ich ihms geliechen und nimmerum,
sieh mich um von ungefähr,
kumt gleich mein Stichl a daher.
Stichl, wie stehts bei dir unbehört?

STICHL:
275 Bei Gott, Gallus, i hab mich gfreat;
frierts dich in deine Finger auch,
sieh hin, da hast deine Handschuh auch,

260.–265. *Der Gallus-Text auch in Preßburg und Wallern.*

die ich halt schier selber brauch.

GALLUS:
Alle hundert- und tausendmal gibst mir s' erst,
280 wenn ich mir hab alle zehn Finger an der Hand gfreat.

STICHL:
Hab i mir a die Nasn mitten im Gsicht angfrert.
Es wird wohl werden eine kalte Nacht,
wir werden müssen halten scharfe Schildwacht,
denn die Wölf, die laufen greulich herum,
285 bei Gott, Gallus, glaub mirs darum.

GALLUS:
Stichl, ist dir die Zeit [: zur Zeit] noch unbekannt,
wie des Kaisers Pfleger Zirinus ist genannt,
angesagt eine Schätzung überaus groß,
damit sich ein jedes Haupt soll kaufen los,
290 es soll bei Straf all sein Hab und Gut,
wer kann hierbei sein mit gutem Mut?

STICHL:
Ei Gallus, was sagst du immer da,
ist es wie du erzählest glaubwürdig wahr,
gestattet kann nicht werden dies Begehren,
295 denn das Volk sich sonst kann kaum erwehren.

GALLUS:
Wo wird denn unser Widopf sein?

STICHL:
Der macht ihm allerweil ein staten Spaziergang drein.

WIDOPF:
Ach Gott, hat dies Begehren noch kein End
wegen [: weh] immer unserm großen Jammer und Elend;
300 jeh, hab vermeint, es wird sich besser bekehren,
damit wir uns billig möchten ernähren,
aber Trübsal haufenweis kommt herbei,
niemand macht uns von diesem Jammer frei.

GALLUS:
Nein, Widopf, du dich noch nicht hast zu beklagen,
305 laß mich erst recht von der Armut sagen,
mit mir Unschuldigem also gehts zu,
ich hab weder Tag noch Nacht einige Ruh,
trag stetige Sorg für meine Herd und Schaf,
ei, wie unbekannt ist mir aller Schlaf;
310 gestrigen Tags war ich bei mein Gesind im Feld,
allda meine Schäflein fleißig hergezählt,
befand ich an der Zahl nicht gar so viel,
die Ursach ich euch kürzlich erzählen will:
ein Teil der leidige Wolf mir hat zerrissen.

STICHL:
315 Vielleicht hat dirs des Metzgers Hund zerrissen,
dem du verkaufst, wie ich gesehen;
muß alles mit dem Wolf hingehen.

GALLUS:
Wer [: Weh], Stichl, halt du mir deinen Mund,
es beißt der Wolf so hart als wie der Hund,
320 wo du hier noch weiter wirst aussagen,
soll man dich gleich beim Tor ausjagen.

STICHL:
Allweil will er gleich schlagen.

WIDOPF:
Neulich, weitläufig bei sich war erzählt,
wie Gott von Ewigkeit hat erwählt,
325 daß der Messias in die Welt soll kommen
zum Trost und Erlösung aller Frommen.
Alsdann sollen wir hier auf Erden
aller Bürd und Laster erhoben [: enthoben] werden.

GALLUS:
Ach, wäre dieses allein so bewandt,
330 daß der Messias gleich mäßig war bei der Hand,
wie wollen wir alsdann frohlocken und aufschwingen

und Gott das Gratias mit Freuden singen.

STICHL:
Zu welcher Zeit und Ort soll es geschehn,
daß den Armen dieser Trost wird anstehn [: entstehn]?

WIDOPF:
335 Die Zeit zwar ist nicht ernannt,
der Ort aber ist uns wohlbekannt,
zu Bethlohem soll es werden geborn
von einer Jungfrau keusch und auserkorn.

Die Hirten legen sich schlafen und der ENGEL singt:
Gloria in excelsis deo.
340 Vom Himmel hoch, da komm ich her,
ich bring euch gute, neue Mär,
der guten Mär bring ich euch so viel,
wovon ich euch singen und sagen will.

GALLUS:
Ei, was ist das für ein Singen und Jubilieren,
345 ein Gespenst will uns sekkieren,
derowegen unsern Schlaf will runieren.
O wie Blitz.

STICHL:
Ein großes Wunder, ein Wunder überaus,
ein wenig zur Hütte sah ich hinaus,
350 behend vernommen ein groß helles Licht,
ei, was ist das für ein Gesicht?
O wie Blitz.

WIDOPF:
Ein Stimm hör ich so hell und klar,
scheint, als wärs eine englische Schar,
355 O wie Blitz.

ENGEL:
Ihr Hirten, auf [: ob] dieses tut nicht verzagen,
eine neue Mär ich euch will sagen:

der mächtige und große Gott vom Himmelsthron
hat zu euch gesandt sein lieben Sohn,
360 der ist euch zugleich als Mensch geboren
von Maria, der Jungfrau, auserkoren,
zu Bethlohem in Davids Stadt,
wie euch die Schrift vorlängst hat zugesagt,
da [: das] ist euer Erlöser Jesu Christ,
365 darum beförcht euch nicht zu dieser Frist,
dieses soll euch zum Merkzeichen sein,
daß er liegt nackend beim Viech im Krippolein.

GALLUS (im Traum):
Ich lag in einer Nacht und schlief,
mir träumt, wie mich König David rief,
370 wie ich soll dichten und reimen
von'n heilign drei König ein neues Lied,
sie liegen zu Kölln am Rheine.

STICHL (im Traum):
In einen Stall ging ich hinein,
darin ein Ochs und Esolein,
375 ihr Heu beim Krippolein aßen;
von edler Art ein Jungfrau zart
kläglich bei ihnen saßen.

WIDOPF (im Traum):
Mir träumet, wie ein Engel kam
und führt mich bis gegen Bethlohem
380 ins jüdische Land so ferne;
groß Wunderding sich da begab,
hier zu eine wie mere [: hört zu ein neue Märe].

358.-367. *Der Engel-Text auch in Preßburg und Wallern sowie C 263.-272.*
368.-372. *Das Lied »Ich lag in einer Nacht und schlief« auch in Wallern; von den Königen gesungen in Preßburg und (fragmentarisch) in Oberufer.*
373.-377. *Das Lied »In einen Stall ging ich hinein« auch in Oberufer, Preßburg, Wallern und Pamhagen.*
378.-382., 388.-392. *Das Lied »Mir träumt, als ob ein Engel käm« auch in Oberufer, Preßburg, Wallern und Pamhagen.*

GALLUS:
Widopf, wo hast du so schön singen glernt.

WIDOPF:
In Wien, in die hohen Hüben
385 und bei Menschern in die warmen Stüben.

STICHL:
Wo hast denn die Weis' hergnomma.

WIDOPF:
Auf haben i aufgsetzt und um die Weis' bin i gritten.

(Singt wie vorher):
Hiermit bin ich vom Schlaf erwacht,
wollt Gott, der Traum komm mir alle Nacht,
390 wollt gerne bis siebeni schlafen,
damit ich das Kindlein mit Begier
von Herzen möge umfassen.

GALLUS:
Geh, mein Widopf, tu uns das Liedlein singen,
was wir znachst gesungen haben,
395 wie wir die Schäflein geweidet haben
auf dem weißen Zickseeacker.

WIDOPF:
Dort oben in der Lo,
dort brockt man die Bendl o,
dort oben auf der Alm
400 gibts Kitzl, gibts Kalm,
gibts Kitzl, gibts Goaß,
dort oben, wer woaß.

STICHL:
Nit so hoch, daß 's mir a glenga mögn.

WIDOPF:
Könnts nit so hoch schreien,
405 so nehmts euer Horn und blasts drein,
schauts, schauts, wie mir so gscheit sein;

so wolln ma alle drei miteinander singen,
wer ma doch was Gscheids zsammbringa.

Die HIRTEN singen alle drei:
Lustige Hirten und fröhliche Knaben,
410 die ein Lust zum Singen haben,
e wohl auf und laßt uns singen,
guter Dinge Hopser springen,
san ma alle drei brave Hirtenjung,
mach ma alle drei mit Freuden ein Sprung.
415 Einstmals hat der David pfiffen,
hat der Löw das Viech angriffen,
es läßt sich [nicht] mit Löwen scherzen,
das bringt Schmerzen, zornige [: Sorgen im] Herzen;
David erwischt den Löwen bei die Haar [: beim Schopf],
420 wurf ihn an ins Stadltor [: zerriß ihm das Maul, dem losen Tropf].

GALLUS:
Nun, wohlan, so lasset uns nach Bethlohem gehen,
das Wunder, so da ist, zu ersehen,
was für Gaben wollen wir offerieren,
was für ein Geschenk dem Kindlein präsentieren?

STICHL:
425 Ein Flaschl voll Milch dem Kind will verehren,
damit es seine Mutter besser möcht ernähren.

WIDOPF:
Ein schönes Lamm hab ich wohl unter der Herd,
welches das Kindlein gar wohl ist wert;
will es behend mit dem Stab umfangen
430 und über meine beiden Schultern hangen.

GALLUS:
Ich will mitnehmen ein wenig Woll,
darein sie das Kindlein legen soll.

409.–420. *Das Lied »Lustige Hirten, fröhliche Knaben« auch in Oberufer, Preßburg und Wallern.*

STICHL:
Die Nacht so finster is, nichts kann man sehn,
ob wir falsch oder recht zur Stadt eingehn,
435 wo müssen wir insgesamt noch weiter aus.

GALLUS:
Stichl, ich seh allbereits ein Strohhaus,
allda wollen wir nach dem Kinde fragen,
sie werden uns ohne Zweifel aussagen,
wo fern wir unsinnig [: unsäumig] müssen eingehen,
440 damit wir das Kindlein mögen treffen an.
Holade, ist niemand hier bei der Tür,
der uns zum begehrten Ort tut führn.

JOSEF:
Mein Freund, wen suchet ihr allhier,
einen, der euch weiter tut vorführn [: fortführn],
445 bitt euch, erkläret doch, wo stehet hin
euer Gedanken und eifriger Sinn?

STICHL:
Alt Vetter [: Vatter], wir suchen Gottes Kindolein,
so allhier erst soll geboren sein;
begehren zu wissen, ob es war gewiß,
450 die Geschicht, so uns verkündiget ist.

JOSEF:
So dies wollet, so tret' mit herein,
hier liegt das begehrte Kindolein.

Alle drei HIRTEN:
Bist willkommen, du edler Gast,
den Sünder nicht verschmähet hast,
455 und kommst aus Elend her zu mir,
wie soll ich immer danken dir?

WIDOPF:
Grüß dich Gott, du liebes Kindolein,

453.–456. *Der Hirten-Text auch in Wallern.*

gegrüßt seist du, o liebes Jesulein;
in einem Stall du als König geboren bist,
460 muß dich ernähren deiner Tochter Brüst.
Schenk dir, o König, ein Schäflein klein,
bitt, wollest damit zufrieden sein.

GALLUS:
Dein Bettlein von keiner Federn zart,
sondern von spißigem Heu so hart,
465 dein Geburtstag nicht zur Sommerszeit,
sondern zu des Winters Bitterkeit,
für dein Mairosen [: für den Mai, Rosen] und Lilien weiß
erwähle[s]t hart Frost, Schnee und Eis.
Deine Wangelein weich, deine Rösolein [: Näselein] zart,
470 wie sehr ist es aus großer Kälten erstarrt,
deine schönen golden Äugelein,
so mit bittren Tränen begossen sein;
bring dir, o Jesulein, ein wenig Woll,
darein sie dich fein wickeln solln.

STICHL:
475 Sei mir willkommen, du Kindlein zart,
wie liegst du nun so elend und so hart,
du wahrer Schöpfer aller Ding,
hält dich dein eignes Volk so gering;
o schlechter Stall, o schlechtes Krippolein,
480 wie seid ihr nun so eitel [: edel] und rein,
dessen Saal ist der Himmel so groß,
bei euch sich aufhält arm und groß [: bloß];
nimm hin das Flaschl voll Milch,
damit ich [mich in] deinen Schutz befiehl.

Die HIRTEN singen alle drei:
485 Laßt uns das Kindolein wiegen,

477.–480. *Der Stichl-Text auch in Wallern sowie C 325.–328.*
485.–499. *Das Lied »Laßt uns das Kindelein wiegen« auch in Oberufer, Preßburg und Wallern.*

das Herz zum Krippolein biegen,
laßt uns im Geist erfreuen,
das Kindolein benedeien,
o Jesulein süß.
490 Laßt uns zum Kindolein neigen,
ihm Lieb und Dienst erzeigen,
laßt uns doch jubilieren
und geistlich triumphieren;
o Jesulein süß.
495 Laßt uns zum Kindolein singen,
ihm unser Opfer bringen,
laßt uns all erweisen
mit Loben und mit Preisen,
o Jesulein süß.

MARIA:
500 Euer Geschenk mich zu bedanken tut,
vergelts euch Gott mit ewiger Treu [: Ruh],
laßt euch die Warnung [: Nahrung] wohl gedeihn,
Gott woll euer Herd und Schaf benedein,
könnt es hiemit bestehn lassen
505 und wieder wandern eure Straßen.

JOSEF:
Ihr Hirten, ich sag euch fleißigen Dank
für euer wertes Opfer und Geschank.

STICHL:
Ei, wie ist aber dieses so bewandt,
daß er wird geboren so unbekannt,
510 er leidet solchen Mangel, Frost und Kälten,
da er aber doch regiert die ganze Welt.

Die HIRTEN alle drei:
Auf Erden ist er kommen arm,

512.-521. *Das Lied »Auf Erden ist er kommen arm« auch in Wallern; von Gallus gesprochen in Oberufer und Preßburg sowie C 345.-348. (nur die erste Strophe).*

daß er sich über uns erbarm
und in dem Himmel mache reich,
515 samt seinen lieben Engolein zugleich.
Kyrie eleison.
Das hat er alles uns getan,
seine große Lieb zu zeigen an,
es freuet sich alle Christenheit,
520 und danken ihm in Ewigkeit.
Kyrie eleison.

WIDOPF:
Was dieses weiters sei für ein Ding,
daß er ohne Pracht sich hält so gering,
hat wollen geboren werden in einem Stall,
525 wo zu Jerusalem viel Palast ist überall,
dem König verhehlt diese große Geschicht,
uns armen Schäfern zum ersten bericht'.

GALLUS:
Was [: Das] hat er alles getan zu dem End,
damit der Mensch von der Hoffart sich abwend,
530 setz hintan dein großen Pracht und Zier,
hinfür ein demütiges Leben führ.

STICHL:
Uns konnte auch wachsen der Mut,
dieweil wir geboren sind aus königlichem Blut,
denn wie aus Schriften wird gelesen,
535 war David auch ein Schäfer gewesen,
zum König erwählt wegen männlicher Tat,
weil er den Goliath getötet hat.
Vielleicht das Kind sich in acht genommen
und erstlich zu uns Schäfer hat wollen kommen.

WIDOPF:
540 Wann wir's unsern Gesellen werden sagen,
was sich allhier hat zugetragen,
keinen Glauben werden sie uns nicht geben,

sondern vielmehr ein Gelächter erheben,
denn es mit der Sach also bewandt,
545 daß es übertrifft allen Menschenverstand.

GALLUS:
Ohne Gefahr ich nicht kann verschweigen,
wir müssen es den obern Herrn anzeigen,
gegen Jerusalem ich morgen will gehen,
solches den Statthalter zeigen an.

STICHL:
550 Sieh, unser Krispel kommt auch herbei,
welcher uns wird haben gesuchet frei.
Grüß di Gott, mein lieber Krispel.

KRISPEL:
Dank da Gott, mein alter Stichl.

STICHL:
Wie mag es mit der Herd und Schafen sein.

KRISPEL:
555 Die Schäflein in der Herd noch alle beisammen sein,
von den großen bis auf das Klein;
was bringt ihr uns für Zeitung und neu,
ist gewesen wie begeben das Geschrei.

GALLUS:
Wahrlich, zu Bethlohem liegt das Kindolein,
560 in einer Kripp, zwischen Ochs und Esolein,
liegt ganz arm geboren in einen Stall,
wo die kalte Luft ist offen überall;
und wann du das Wunder begehrst zu sehen,
so kannst morgen früh nach Bethlohem gehen.

ENGEL:
565 Kommt her und sehet den zarten Leib,
wie Jesus wird geboren heut,

565.–576. *Der Engel-Text auch in Wallern sowie C 395.–406.*

im bloßen Stall und kalter Nacht,
sollet ihr schlafen, wann Jesus wacht?
Viel warme Kleider brauchet ihr,
570 dazu ein Licht und helles Feuer;
in Schnee und Frost euer König leidt,
sein Herz bezwing die kalte Zeit
bis zu [: rüst zu] euern Herz und Seelen rein,
dem allerliebsten Jesulein
575 der Lieb Feuer zündet an
und lasset [ihn] nimmer von euch gehen.

    GESANG:
Heunt sein die lieben Engolein
im hellen Schein
erschienen bei der Nachte
580 den Hirten, so ihre Schäfolein
bei Mondenschein
im weiten Feld bewachten:
Große Freud und gute Mär wollen wir euch offenbaren,
die euch und aller Welt sollt widerfahren;
585 huic sit memoria.

    KÖNIG MELCHART:
Mein Gwadron [: Quadrant], Kompaß und all Instrument
bring her, du Paschi, jetzo behend,
des Himmels Gloria [: Globi] nicht vergiß,
es scheint ein Stern, so nie gewest,
590 wie Venus mit der Sonn sich verjuniert [: conjungiert],
derowegen [: darneben] etwas anders ist veneriert [: formiert],
ein großen Glanz, überaus schön,
wovon mag dies Gestirn entstehn;
ist auch von uns nicht gelegen so weit,
595 in Wahrheit etwas Hohes dies bedeut,
recht zur Mitten steht eine schöne Jungfrau,

577.–585. *Das Lied »Heut sein die lieben Engelein« auch in Wallern und Pamhagen.*

ein Kindlein traget sie, wie ich schau;
von großem Glanz hell ist ihr Gestirn [: ihre Stirn],
an keinem Ort tut stille stehen,
600 sondern schneller und schneller tut umgehen;
das Kindlein, so die Jungfrau trägt,
wie ich seh, zum öftersten sich bewegt;
du Pagi, bring her die Mathematikus,
so uns erklär das Wunder groß,
605 schwerlich einer dies wird aussagen,
wes Ursach die Jungfrau ein Kind tut tragen.
Biligratus, könnt ihr uns was von den Sternen sagen.

BILIGRATUS:
Gnädigster König, ich hab keine Kundschaft davon getragen,
hierüber die Propheten will konsultirn,
610 ob auch [: aus] ihnen etwas möcht retiziern [: deduciren].
Michäus, der Prophet zwar was andeut,
indem er es mit tiefen [: diesen] Worten beschreibt,
zu Bethlohem eine Jungfrau soll gebären
den Messias Himmels und der Erden.

MELCHART:
615 Vermein, was der Prophet anzeigen will,
das sei zu Bethlohem jetzund erfüllt,
derowegen mit Sorgen groß nur bedenk,
was dem König präsentieren für ein Geschenk.
Eine ansehnliche Summe Gold will mitführen,
620 weil Gold einem König will gebühren,
besonders König Himmels und der Erden,
hoff, soll ihm [: mir] dadurch Huld werden.
Pagi, dahin wend du allen Fleiß,
daß wir uns begeben zeitlich auf die Reis'.
625 Biligratus, ich befehl euch das Regiment,
so lang bis die Reis' gebracht zu End.

GESANG:
Als Jesus geboren war

zu Herodes Zeiten,
erschien ein Stern so hell und klar
630 recht sinnigen Leiten
den Weisen im Morgenland,
an dem sie merkten zur Hand,
daß ein Kind erschienen,
ein König geboren war,
635 welchen das jüdische Heer
schuldig war zu dienen.

KÖNIG BALTHAUSER:
Mein Hofgesind mir heut angesagt,
was für ein Wunder geschehn über Nacht,
ein Gestirn ohngewöhnlichen Glanz und Schein,
640 darinn eine Jungfrau hat scheinen zu sein,
befand [: besamt] ein Kind so klein und zart,
für ein Wunderzeichen gehalten ward;
solches Gestirn und Wunder zu ersehen,
tu ich auf die Straße herfürgehen,
645 finde die Sache eben also bewandt,
wie mir von dem Gesind ist worden ernannt;
o Wunder desgleichen nie erhört,
noch von einer Historie also bewährt,
eine Jungfrau groß, eine Mutter zugleich,
650 zugleich Kind, König, arm und reich.
Nach Bethlohem uns das Gestirn tut weisen,
als sollten wir insgesamt dahin verreisen,
anders dies Geheimnis nicht weiß zu ergründen,
wie bei den Propheten klärlich ist zu finden,
655 eine Mutter groß, eine Jungfrau rein
ohne Mann soll gebären ein Kindolein,
ein König der Juden wird erstehen,
dadurch sein Feindereich zugrunde gehen,
darum will ich auf sein morgen zu Tag,
660 ersuchen ob ich das Kind finden mag.

627.–636. *Das Lied »Als Jesus geboren war« auch in Pamhagen.*

GESANG:
Orient es war nicht zu weit,
es war dort offenbart,
die heiligen drei König zu dieser Zeit,
wie Christus geboren war;
665 mit Opfer kamen sie dar,
das Kindlein nahmen sie wahr,
sie brachten Gold, Weihrauch und Myrrhen,
dazu die besten War.

KÖNIG KASPER:
O Wunder groß, o höchste Fröhlichkeit,
670 weil kommen einstmals ist diese Zeit,
daß der begehrte Messias ist geboren,
wie von den Propheten verkündigt zuvorn,
solches uns das Gestirn weiters anzeigt,
so in Vernarung höchsten Reitz [: so ihn zu venerieren
höchst anreizt],
675 indem es kundbar macht diese Geschicht,
so die Juden halten für ein Gedicht;
mit heftigem Begehren eifrig bin entzündt,
zu suchen das Kind, bis ich es find.
Aber was für ein Geschenk sollen wir offerieren,
680 dadurch das Kind genug möcht venerieren,
weil er ein Gott des Himmels und der Erden,
derowegen in Weihrauch geopfert muß werden,
mit solchem Opfer wir uns wollen versehen,
verhoff damit vor dem Kinde zu bestehen.

GESANG:
685 Drei König von Sabath [: Saba] kommen dar,
Gold, Weihrauch, Myrrhen brachten sie dar,
o Christ, wach auf,
steh auf und lauf

661.–668. *Das Lied »Orient es war nicht zu weit« auch in Wallern.*
685.–696. *Das Lied »Drei König von Saba kommen dar« auch in Wallern und Pamhagen, fragmentarisch in Preßburg.*

       zum Kindolein, zum Krippolein,
690 zum Jesulein lauf.
       Auf, auf, keiner sich säumen soll,
       denn Himmel und Erden sind freudenvoll,
       o Christ wach auf,
       steh auf und lauf
695 zum Kindolein, zum Krippolein,
       zum Jesulein lauf.

    KÖNIG MELCHART:
Lasset uns ein wenig warten allhier,
so lang, bis zu ihnen stoßen wir.

    KASPER:
Euer Lieb sei gegrüßt mit ihrem Komitet,
700 wo denken sie hin mit solcher Abred.

    MELCHART:
Wir folgen festiglich diesem Gestirn,
welches uns zum begehrten Ort tut führn.

    KASPER:
Eben dieses hat uns auf den Weg gebracht,
welches für ein besonderes Zeichen wird gemacht [: geacht],
705 denn solches Zeichen antritt [: andeut] den Heiland,
so kommen ist in die Welt ganz unbekannt,
den wir zu finden heftig begehren,
soll es kein Mittel oder Weg vermehren [: verwehren].

    BALTHAUSER geht hinein:
Seid gegrüßt, ihr lieben Herren gut,
710 wohin steht euer Sinn und Mut?

    MELCHART:
Euer Lieb soll hier mit Gedanken [: hiermit gedanket] sein,
unser Sinn steht gegen Jerusalem hinein.

    KASPER:
Seid gebeten, zeigt mir doch an,
was ihr zu Jerusalem wollet tun?

MELCHART:
715 In Asien [: Esaia] man klärlich geschrieben find,
wie daß geboren sollt werden ein Kind,
nackend, da es doch sei überaus reich,
ein König Himmels und der Erden zugleich.
Dieses war uns durch den Stern offenbart,
720 so von inentlich [: männiglich] mit warten [: Wunder] gesehen war,
wie daß zu letzt entwichner Frist
das Kind allbereit geboren ist.

BALTHAUSER:
Gleichmäßig, mag wohl mit Wahrheit sagen,
hat sich in unserm Lande zugetragen;
725 ein Gestirn wir allda haben gesehen,
darin eine Jungfrau samt dem Kinde stehen,
kommt also hiemit an den Tag,
was unter diesen Zeichen verborgen lag.

MELCHART:
Aber wie will uns der Stern so gar verlohn,
730 den wir als unsern Wegweiser gesehen habn,
es sind uns bekannt [: unbekannt] alle Weg und Straßen,
auf keine Hilfen können wir uns verlassen,
weil abgesandt [: allgesamt] in diesem Land,
sind ganz fremd und ganz unbekannt,
735 wollen derowegen von der Reis' abstehn
und gegen Jerusalem in die Stadt eingehen,
allda besser erkundigen diese Geschicht,
ob wir möchten haben ein rechten Bericht.

GESANG:
Die König, die waren betrübet sehr,
740 der Stern war ihnen entgangen,
der Weg war ihnen so weit entfernt,
ein Engel kam ihnen zur Hande,
der führt sie auf die rechte Straß,

739.-746. *Das Lied »Die König waren betrübet sehr« auch in Wallern.*

109

Herodes zu entfliehen
745 und Josef bei der Krippe saß,
muß auch bald davon ziehen.

Die Könige stellen sich vor Herodes und der PAGI spricht:
Gnädigster König, fremdes Volk kommt herein,
welches scheint aus einem sehr hohen Stande zu sein,
viel Volks anhero sie mit sich bringen,
750 weiß nicht, ob sie uns möchten umringen,
mit herrlichen Kleidern sind sie angetan,
was [: fast] prächtig und stolz sie hereingehen.

HERODES:
Erkundige dich von ihnen, woher sie kommen
und was zu tun sie sich haben vorgenommen.

PAGI:
755 Ihr Herrn, es will wissen königliche Majestät,
was Ursach ihr kommt in die Stadt,
was Konfession [: Condition], Geschlecht und Stand,
denn ihr erscheint aus einem fremden Land.

MELCHART:
Aus königlichem Stand [: Stamm] sind wir alle geboren,
760 zwei kommen von Sabbat, der dritte aus Mohrn,
begehren König Herodes selber zu begrüßen,
wofern ihr [: es] sein Lieb nicht möcht verdrießen.

PAGI:
Dieses will ich königlicher Majestät zeigen an,
den Herrn zur Stund und Antwort wieder sagen.
765 Aus königlichem Stand sind alle geboren,
zwei kommen von Sabbat, der dritte aus Mohrn,
begehren königliche Majestät selber zu begrüßen,
wofern ihn [: es] sein Lieb nicht möcht verdrießen.

HERODES:
Laß sie kommen insgesamt behend
770 zu uns hieher ins Losament.

PAGI:
Unser König euer Gegenwart begehrt,
will, daß ihr euch in denselben [: eur Intent selber] erklärt.

HERODES:
Willikommen, ihr Herrn, wie das bewandt,
daß ihr zu uns kommt aus fremden Land.

MELCHART:
775 Euer Lieb uns dies wohl verzeihen,
die Ursach ich euch kürzlich will anzeigen,
zu Sabbat neulich in unsern Landen
ein ungewöhnliches Gestirn ist entstanden,
darin eine Jungfrau ein Kindlein trägt [: tragend],
780 merkt auf, was zu euch gesagt behend,
dadurch wir erstlich haben vernommen,
wie daß der Judenkönig sei ankommen,
ein König neulich geboren war,
dem dienen soll das jüdische Heer,
785 den suchen wir mit allem Fleiß,
zu dem erheben wir unsere Reis'.

HERODES:
Hat sich dieses zugetragen hier zu Land
und euch Fremden besser als uns bekannt,
machet euch auf gegen Bethlohem von Stunden,
790 da allhier das Kind nicht wird gefunden.
Nun sucht ihr's dort und wenn ihr's habt
angebetet und auch wohlbegabt,
so laßt mir es behend auch wissen,
auf daß ich zum ersten möcht sein beflissen,
795 auf daß ich zu gleicher Weis'
das Kind anbeten und mit Geschenk beweis,
dies tut ihr lieben drei Herren,
damit ich das Kindlein auch möcht ehrn.

KASPER:
Nun wollen wir verlassen Jerusalem den Plan.

BALTHAUSER:

800 Siehe der Stern tut wieder herfürgehen,
den wir zuvor gesehen im Morgenland,
an dem wir das geborne Kindlein haben erkannt.

GESANG:

Wie schön leucht uns der weise Stern,
gewiß muß uns der König [der] ehrn,
805 in dieses Land sind [sein] kommen,
ach weise Lieb, o weise Leut [: ach Weisen, liebe Weisenleut],
sagt mir doch die rechte Wahrheit,
warum habt ihr genommen
lustig, rüstig ein so ferne Reis'
810 und Wege in das Lande,
da ich keinen König mehr sandte [: fande].

HERODES:

Diese Zeitung mich nicht erschreckt ein wenig,
dieweil ich ein Fremder und nicht ein rechter König,
sollt mein Reich werden von mir genommen,
815 einem andern dasselbige überkommen;
ruft her die Hohenpriester und Schriftgelehrten,
will fragen, wo Christus soll geboren werden,
dem dienen soll das jüdische Heer.

SCHRIFTGELEHRTEN:

Gnädigster König, das sage ich euch zur Hand,
820 zur Stadt Bethlohem im jüdischen Land,
wie hier solches klärlich geschrieben steht
durch den Propheten in mal beredt [: zumal bereit].

BLUZENTUS:

Von der Geschichte der Könige also steht,
wie bei den Planisten der Venus steht [: Psalmisten der Vers geht],
825 der Sohn soll besitzen die Tiere [: Thürn] seiner Feinde,
viel Volk wird ihm zuwider sein,

804.–811. *Das Lied »Wie schön leucht uns der Weisen Stern« auch in Oberufer, Preßburg und Wallern.*

viel Volk wird ihm nachfolgen auf Erden,
viel in seinem Namen gesegnet werden.
Sein Name wird heißen Emanuel,
830 wie es klärlich geschrieben steht [: klärlich bezeiget] Ezechiel,
rein Butter, rein das Hönig wird er essen,
das Gute erwählen, das Böse vergessen.

HERODES:
Wie kann oder mag dieses sein,
eine Jungfrau soll gebären ein Kindolein?

PRUDENTUS:
835 Das Weib [: Des Weibes Samen] soll die Schlangen treten [nieder],
alles was verloren ist, bringen wieder.

HERODES:
Der Könige einer mir saget frei,
trug solches gänzlich keinen Scheu,
er sagt von Bethlohem, wir haben vernommen,
840 wie daß der Judenkönig sei ankommen,
ein rechter Fürst, ein wahrer Hirt,
der uns allgesamt regieren wird,
möcht hier gern eine Gewißheit haben,
das tu ich euch mit Wahrheit sagen,
845 mein Reich steht hier in großer Gefahr,
so wie ihr sagt, dieses ist wahr.

BLUZENTUS:
Mein Herr, alles [: also] ist nicht zu verstehen,
als soll euer Reich zugrunde gehen,
ein König wird er zwar genannt,
850 aber keine Gewalt wird er haben in seiner Hand,
verurteilt wird er werden zum Tod,
sein Volk wird ihn halten für ein Spott.

HERODES:
Besser wär es, so man ihm behend vorkommt
und ihm in der Jugend das Leben abnahm,

855 ehe das Volk möcht weichen auf sein Seit,
denn aufs neue ansteht [: entsteht] ein blutiger Streit,
leichtlich entspringen möcht ein solches Leid,
dieweil zu ihm kommt [: kommen] König allbereit.

PRUDENTUS:
Ihr Majestät, stellet ihr euch ein wenig zu Ruh
860 und sehet diesem Lauf ein wenig zu,
so lang bis die Weisen vom Morgenland
kommen und es erzählen, wie es bewandt.

HERODES:
Wir fürchten, es möcht werden zu bekannt
inzwischen [in] dem jüdischen Land,
865 dieweil wir gestrign Tags haben vernommen,
ein Engel zum Hirten aufs Feld ist kommen,
ihnen verkündiget erst neue Mär,
wie daß der Judenkönig geboren wär,
will wegen [: wetzen] mein Sinn und mein Mut,
870 wie ich vergießen möcht des Kindes Blut.

GESANG:
Da dies für Herodes kam,
erschrak er nicht ein wenig,
denn er war ein sehr fremder Mann,
nicht ein rechter König;
875 wälzet [: wetzet] bald in seinem Mut
sein Schwert auf des Kindes Blut,
rufet den Gelehrten,
fraget, wo Christus, der Held,
kommen soll auf diese Welt,
880 sein Volk zu erretten.

KASPER:
Schaut, der Stern hier tut stille stehen,
wir wollen zum Kind im Stalle eingehen.

871.–880. *Das Lied »Da dieses für Herodes kam« auch in Wallern.*

Grüß euch Gott, mein zartes Jungfräulein,
[ist] hier zu finden das gewünschte Kindolein.

MARIA:
885 Hier liegt das gewünschte Kindolein,
gewickelt in schlechte Windolein.

BALTHAUSER:
Wollen wir hingehen zu diesem Plan,
das geborne Kindlein zu beten an.

MELCHART:
Gelobt bist du, o kleines Kind,
890 gelobt sei Gott, daß ich dich find,
eine weite Reise wir haben getan,
damit wir dich doch treffen an,
will opfern dir hiemit rotes, rotes Gold,
bitt, wollest bleiben zu allen Zeiten hold.

BALTHAUSER:
895 Ist das der Gott Himmels und der Erden,
ein Fürst über alle Herrn;
nimm hin, dir opfre ich bittere Myrrhen,
wie Göttern zu tun sich will gebühren,
mein Herr, wenn ich wieder komm zu dir,
900 wollest wieder gnädig sein mir.

KASPER:
O höchster Gott, o großes Kind,
in einem Stall hier ich dich find,
will dir verehren, nimm hin Weihrauch,
wie bei uns Königen ist Gebrauch,
905 erzeig mir ferner deine Gnad und Huld,
verzeih mir alle meine Sünd und Schuld.

MELCHART:
Urlaub wollen wir nehmen vom Kindolein,
auch von Maria, der Mutter sein.

BALTHAUSER:
Nun behüt dich der allmächtige Gott,
910 vor Angst, Kummer und aller Not,
behüt dich Gott, der ewige Vater dein,
von dannen, es muß geschieden sein.

KASPER:
Wohlan, Josef, lieber Josef mein,
laß dir das Kind befohlen sein,
915 kein Müh und Fleiß an ihm nicht spart,
Gott wird dir es belohnen fürwahr.

JOSEF:
Ihr Herrn, Gott der Allmächtige wird euch nicht verlassen,
begleitet euch auf allen Weg und Straßen.

BALTHAUSER:
Wollen wir Herodes den Gefallen tun
920 und, wo das Kind zu finden ist, zeigen an,
doch wollen wir hier bleiben über Nacht,
die Zeit der Finsternis herbeigebracht.

ENGEL:
Ihr König, so Gaben dem Kind gebracht dar,
und wollet meiden die vorstehende Gefahr,
925 und wollet nicht wieder zu Herodes einkehren,
das Kind von der List zu erwehren,
derowegen suchet euch einen andern Weg aus
und meidet das zornige [: des zornigen] Herodes Haus,
denn Herodes besonnen ist ganz und gar,
930 die Kindlein umzubringen dar,
derowegen weil ihr solches habt verstanden,
könnt euch wenden wieder in eure Landen.

MELCHART:
Ein seltsames Gedeih [: Getön] ich hab gehört,
als wär's von Engeln gewährt,

923.–932. *Der Engel-Text auch in Wallern sowie C 695.–704.*

935 daß wir sollen meiden Herodes Haus,
einen andren Weg uns suchen aus.

KASPER:
Desgleichen ich auch hab vernommen
des Engels, so ins Gemach ist kommen,
daß Herodes da hin gericht sein Mut,
940 wie er vergießen möcht des Kindes Blut.
Herodes, steckst du in solcher Bosheit,
bei dir einzukehrn von uns ist weit.

ENGEL:
Josef, von Gott ich dir verkünd,
wie du sollst fliehen aus Bethlohem geschwind
945 mit samt dem Kind und Mutter sein,
das laß dir ernstlich befohlen sein,
denn Herodes ist wütend und voller Tyrannei,
weil von dem Kind kommt das Geschrei,
ist wider dasselbige, zu verderben,
950 als müßte es vor seinen Händen sterben,
damit erlediget wirst von Herodes Kommand,
mit dem Kind fliehen ins Egyptenland.

JOSEF singt:
Ich hör ein klägliche Stimm,
gut herzlich [: gutherzig] ichs vernimm,
955 wie es sich begeben,
die Reis' wohl bei der Nacht,
die Jesus zugebracht
zur Frist seines Lebens.
In großer Zweifel stund
960 Josef, wie er nur kunnt
sein Traum entdecken,
wie er's angreifen soll,
da er nicht gerne wollt

953.–964. *Das Lied »Ich hör ein klägliche Stimm« auch in Wallern und (fragmentarisch) in Preßburg.*

sein Gemahl erschrecken;
965 er rufet mit Begier:
Maria, schlafet ihr,
hört traurige Märe.

MARIA singt:
Sag an, mein Josef bald,
wie ich schon mannigsmal
970 oft [: dich] seufzen höre.

JOSEF:
Es ist ein Engel gesandt,
der mich im Schlaf ermahnt,
sprach und erschienen,
ich sollte mich geschwind
975 aufmachen mit dem Kind,
ziehen von hinnen.

MARIA:
Wohin, wo aus, wie weit,
ich bin alle Zeit bereit,
dies zu erfüllen.

JOSEF:
980 Bis ins Egyptenland,
das fern, uns unbekannt,
ist Gottes Willen.

JOSEF und MARIA:
O weh, o harte Reis',
der Wind schneidt kalt wie Eis,
985 uns alle hassen,
der Geschöpf so viel ihr sein,
kein einziges nimmt uns ein,
uns alle verlassen.

988.–1002. *Das Lied »Josef nahm den Esel wohl bei dem Zaum« auch in Wallern.*

GESANG:
Josef nahm den Esel wohl bei dem Zaum,
990 er führt ihn ins Egyptenland, dort steht ein Baum, eja,
der Baum, der hat der Äst so viel,
da wachsen die Äpfel ohne Stiel,
die waren süße,
da neiget sich der Apfelbaum
995 gegen Maria süße.
Maria brocket Äpfel ab, wohl in ihr Schoß,
Josef war ein alter Mann, ihn sehr verdroß, eja;
ei, sollen wir heute erst stille stehen,
haben wir noch zwanzig Meil weit zu gehen,
1000 es wär zu späte;
da neiget sich der Apfelbaum
gegen Maria zarte.

HERODES:
Beim Judengott bin ich betrogen,
haben mir die Weisen nicht fein vorgelogen,
1005 verwichen nunmehr ist mancher Tag,
da ich ihrer erwartet hab,
wiedrum zu mir sie nicht wollen kommen,
haben auf ein andern Weg ihr Reis' genommen,
wenn ich allein wüßte, wo wär das Kind
1010 oder wo ich es mit den meinigen find,
wolle es mit großer und fröhlicher [: völliger] Gewalt
ihm abnehmen sein Königreich bald,
denn sollt ein andrer König sein geborn,
so wird es mit mir alsbald sein verlorn,
1015 zuletzt die Gemeinde an mir verzagt,
es muß noch viel anders sein gewagt,
eh will ich mich dies unterwingen,
alle Knäblein den Juden lassen umbringen,
will sie lassen schrecklich erwürgen,
1020 damit ich erlöst werd von den Sorgen;
ihr, meine Knecht, hiermit euch anbefohlen sei,

wie ihr umgehen sollt im Lande frei:
sollt umbringen die Knäblein überall,
so sind mitten der andern Jahreszahl,
1025 lasset euch nicht bestechen mit keinen Gaben,
sonst kost's euer Leben, das tu ich euch sagen,
tötet die Knäblein im Lande alle zugleich,
sie sind gleich arm oder reich.

JUDEN:
Ihr Majestät, wollt mir die Gnade erzeigen,
1030 mein Söhnlein von der Marter [: Mandat] zu befreien,
hieraus soll entstehen keine Gefahr,
solches bitt ich untertänigst fürwahr.

HERODES:
Was, willst du mein Gebot widerstreben,
es soll dich kosten dein Leib und Leben.

KÖNIGIN:
1035 Gnädigster König, gedenk an Barmherzigkeit,
wahrlich, es wird euch letzlich sein leid,
daß ihr vergießt so viel unschuldiges Blut,
gnädigster Herr, sehet zu, was ihr tut.

HERODES:
Pack dich hinweg, du närrisch Weib,
1040 merkst nicht, was gibst für Ungelegenheit,
entnommen wird von mir das Regiment,
wo ich dem Übel nicht bald abwend;
sollst du mich erstlich regieren,
das will mir, einem König, nicht gebühren;
1045 ihr Knechte, habt vernommen wohl,
was ein jeder nun tun soll,
allhier habt ihr die königliche Mandat,
wie es euer Herr und König befohlen hat,
publiziert es an allen Ort und Enden,
1050 niemand soll sich sonder Straf abwenden.

PAGI:
Unser gnädigster Herr, königliche Majestät,
befohlen durch ein ernstlich Mandat,
daß man umbringen soll alle Knäblein,
so da unter dem andern Jahre sein,
1055 hierüber [: hierwider] soll helfen kein Gut noch Geld,
ihr Majestät also wohl gefällt,
wer sich diesem Gebot wird widerstreben,
dem soll es kosten sein Leib und Leben.

JUDEN:
Ach weh, ach weh, die Schachte Manete [: scharfe Mandat],
1060 der König auch der Mag [: die Macht] des Leben hat,
sollen wir töten lassen unsre Knäbelein,
was wird's geben für Schmerz und Pein, ach weh.

PAGI:
Du Bösewicht, willst du mein Gebot widerstreben,
es soll dich kosten dein Leib und Leben,
1065 ist es nicht besser, daß die Kindolein alle sterben,
da [: dann] wir insgesamt mit ihnen verderben.

HERODES:
Dieser Mensch soll des Todes schuldig sein,
nehmt ihn und werft ihn ins Gefängnis hinein.

KOVAWITTS:
Hierbei seht ihr königliche Majestät,
1070 wie ich nach demselbigen Mandat
zum Zeichen zweitausend Köpfe hab mitgebracht,
so ich mit meiner Hand hab umgebracht
und diesen hab ich beim Reiskochessen erwischt
und hab ihm flugs den Kopf weggewischt.

JAMBUS:
1075 Achttausend ungefähr ist meine Zahl,
so ich ertötet hab überall,
und diesen hab ich in seiner Mutter Schoß erwischt
und hab dem flugs den Kopf weggewischt.

BOSBUS:
Sechstausend ungefähr in einer Stund
1080 der kleinen Kinder so ich gebracht hab um
und diesen hab ich beim Milchessen erwischt
und hab dem flugs den Kopf weggewischt.

HERODES:
Ihr, meine Knechte, alle drei,
euch schenk ich mein halbes Königreich.

PAGI:
1085 Ich, samt meinen Gesellen auf der Schlacht,
einhunderttausend vierzig acht,
ihr königliche Majestät seid wohlgemut,
vergossen ist euch des Kindes Blut;
und diesen hab ich beim Bahasessen ertappt
1090 und hab ihm flugs den Kopf abgehackt.

HERODES:
Nun wohlan, hinweg ist mir alle Gefahr,
die mir wegen des Kindes entstanden war,
diese Sorg habt ihr von mir genommen,
derowegen eine gute Belohnung sollt bekommen.

GESANG:
1095 Seid fröhlich und jubilieret,
Jesus, der Messias,
der die ganze Welt regieret,
ist ein Sohn Maria;
lieget in dem Krippolein
1100 bei Öchslein und bei Esolein.
O du liebes, o du zartes Kindolein,
du bist mein, ich bin dein.
Ja, Cäcilie [: Jauchzet], klinget, springet;
hodie, hodie, hodie,
1105 ist geboren Christus, das Söhnelein,

1095.–1109. *Das Lied »Seid fröhlich und jubilieret« auch in Oberufer und Wallern.*

Maria, Maria, Maria,
und hast von uns weggenommen
alles Weh, alles Weh, alles Weh,
hilf, daß wir bald zu dir kommen.

ENGELGESANG:
1110 Herodes, Herodes, du grober Tyrann,
was haben dir die unschuldigen Kindlein getan,
daß du sie hast lassen alle umbringen,
wart, wart, der Tod wird gleich mit dir ringen.

TOD oder TEUFEL:
Herodes, Herodes, du grober Tyrann,
1115 was haben dir die unschuldigen Kindlein getan,
daß du sie hast lassen alle umbringen,
wart, wart, ich wir gleich mit dir ringen.

HERODES:
Ach, ach, und immer ach,
wie bin ich halt so schwach,
1120 bringts mir ein Apfel und a Messer her,
damit ich mir ein Lobnus scher.

PAGI:
Bringts mir a Wasser her, mein Herr vergeht in Ohnmacht.

TEUFEL:
Was ir, was ir, was fehlet dir,
ohne dir verzag ich nimmermehr,
1125 sag an, was ist dein groß Beschwern,
daß du dein Not so hart tust klagen.

HERODES:
Ach, ach, vor Angst möcht ich verzagen,
weiß nicht wo armer Teufel hin.

TEUFEL:
Schweig still, ich auch ein Teufel bin,
1130 ein Teufel verläßt den andern nicht,
ich will dir treulich helfen zu deiner Pflicht,

wie du dein Sachen sollst greifen an;
der neue König soll mir und dir nichts tun,
ich bin ihm gleich so huld wie du
1135 und will dir viel Rat geben dazu,
du mußt dich halt fein teuflisch erzeigen,
ich und alle Menschenkreatur zu schweigen,
ich will dich fassen auf meinen Karrn
und will mit dir zur Hölle fahrn;
1140 ich will die Höll fein tapfer heizen,
zugleich mußt du mit mir mitschwitzen,
ich will dich schließen in Eisen und Banden,
niemand soll dich reißen aus meinen Krampen.

GESANG:
Was hilft der hohe Thron,
1145 der Zepter und die Kron,
Zepter und Regiment
hat alles bald ein End.
Was hilft sein hübsch und fein,
schön wie die Englein sein,
1150 Schönheit vergeht im Grab,
die Rosen, die fallen ab.

PAGI:
Holare, hat der Tod mein Herrn geholt;
jetzt hab i an guten Firtz dawischt.
(Der Tod holt ihn auch.)

GESANG:
O heiligste Dreifaltigkeit,
1155 du göttlichs Regiment,
den Tod, Teufel und auch die Höll

1138.-1143. *Der Teufel-Text auch in Preßburg; ähnlich Oberuferer Paradeisspiel 318. 319.*
1144.-1151. *Das Lied »Was hilft der hohe Thron« auch in Wallern und Pamhagen, fragmentarisch in Oberufer.*
1154.-1162. *Das Lied »O heilige Dreifaltigkeit« auch im Oberuferer Paradeisspiel (letzte Strophe von »Singen will ich aus Herzensgrund«).*

    hast du so gar zertrennt
    und hast das ewige Leben
    uns allen wiedergeben,
1160 sei Gott gelobt in Ewigkeit,
    der alle unsre Gedanken weiß,
    der wollt uns sein Reich geben.

    PAGI:
    Christliche Zuhörer, es ist zum Ende gekommen
    vermeind, werd'ts haben mit mehreren vernommen,
1165 wie der selige Schöpfer aller Ding,
    anzags eines Knechts des Leibs [: anzog eines Knechtes
                                             Leib] gering,
    eine Jungfrau hat getragen das himmlische Land [: Pfand],
    das der Natur war ganz unbekannt,
    die edelste Mutter zart hat geborn,
1170 den Gabriel verheißen hat zuvorn,
    den Sankt Johann mit Springen den anzeigt,
    in den [: indem] er noch gelegen war im Mutterleib,
    wie Gott im Heu mit Armut groß
    zu liegen getragen keinen Verdruß,
1175 sein Leben im Trübsal gefangen an,
    in dem sie ihn heftig verfolget habn,
    Herodes mitsamt dem Judenhaufen,
    die ihm letzlich täten verkaufen,
    derowegen bei euch Unzucht, Geiz und Stolzheit,
1180 lasset verbieten [: verlieren] Platz und Streit,
    andere Statthalter [: anderen statthaltet], die in hut
    Unschuld, Andacht, Trost und Demut,
    durch welchen Tod und Saatenfeld [: Satan fällt],

1163.–1188. *Der Epilog (vom Hauptmann bzw. Pagi gesprochen) auch in Preßburg und Wallern sowie C 807.–832.*
1171. den[n] Sankt Johann mit Springen den anzeigt *Wallern und Preßburg.* den S. Johannes mit Fingern [!] angezeigt *C 815. Hier erweisen sich die Handschriften getreuer als der Erstdruck von 1693; vgl. Lukas 1, 41: »Und es begab sich, als Elisabeth den Gruß Marias hörte, hüpfte das Kind in ihrem Leibe«.*

    Gott allein den Menschen erhält;
1185 derowegen wollet zum Kampf sein bereit,
    mit Lust [: mit Lastern] erheben diesen Streit,
    damit wir letzlich allzumal
    mögen eingehn in den Himmelssaal.
    Ehrsamen, wohlweisen, großgünstige Herrn
1190 samt allen Frauen und Jungfrauen in Ehrn,
    dieweil ihr unser Komödie habt gehöret an,
    so bitt ich euch, ihr wollet nichts für ungut habn,
    wann wir etwas haben gefehlt hier
    und nicht gehalten die rechte Komedie Zier,
1195 so bitt ich euch, ihr wollet euch nichts in Übel auslegen,
    sondern unsern Stand [: Unverstand] die Ursach geben,
    dabei ein jedes das Beste betracht,
    so wünschen wir euch eine glückselige Nacht.

1189.–1198. *Der zweite Teil des Epilogs (vom Engel gesprochen) auch in Oberufer und Preßburg.*

Ein schöne neue

Comedia /

Von der Geburt
JEsu Christi
unsers Heilandes und
Seligmachers.

Jetzo zum ersten der Jugend
zum besten in Druck ver-
fertiget.

Gedruckt im Jahr / 1693.

BROLOGUS.

 Freundlichen gegrüsset seyd überall/
  So in Freuden einig jetzo zu mahl/
 Begehrt die Comedi zu respectiren/
  Euch Geistlich damit zu recreiren/
5 Ihr seyd gleich wes Stands und Gelegenheit/
  So sind euch unsere Dienst bereit/
 Die Sache die man hier will tractiren/
  Wird euch kürtzlich zu Gemüth führen/
 Ein Ding so von Propehten starck bewehrt/
10   Von Evangelisten höchlich erklärt/
 Welches Micheas zum öffteren andeut/
  Auch Mattheus gar klärlich beschreibt/
 Wie Christus Gottes Sohn vom Himmel-
   reich/
  Den Menschen begehrt werden zugleich/
15 Der Herr mit dem Knecht sich conjungiren/
  Den Teuffel dadurch zu ruimren/
 Zu brechen mit Gewalt die Höllische Pfort/
  Die Erlöste Vätter zu führen fort.
 Im Stall der Seligmacher ward geborn/
20   Von Maria hierzu auserkorn/
 Er buldet grosse Kält/nacket und bloß/
  Mit Zittern ligend in der Mutter Schoß.

    A ij   Kein

Kein Windlein/ noch Speiß war bey der Hand
Des Kindes Hertzschafft allen gar unbekand/
25 So lang biß von der Engelischen Schaar/
Den Schäfern aufm Feld verkündiget war
Diese hoch Freudenreiche neue Mähr/
Wie Gott Mensch zu Bethlehem geboren
wär/
Die Engel sich frolockend auf schwungen/
30 Das Gloria in excelsis sungen/
Im Morgenland erschien neu Gestirn/
Welches drey König zum Kindlein thut
führn.
Versehend mit Gaben den Stall eingiengen/
Das wunder Kindlein mit Freud empfien-
gen/
35 Præsentirten Gold/ Myrrhen uñ Weyrauch/
So den Göttern zuthun war im Gebrauch/
Sie zu Herodi auch weiters nicht kommen/
Als sie sein Bescheid vom Engel vernommen.
Was massen Herodes aus verzagen/
40 Seinen Scharganten bald ließ ansagen/
Die Kindlein zu tödten mördlich überall/
So werden minder des anders Jahrzahl/
Ferners wie Joseph aus Engels geheiß/
Aus Egypten in Nazareth verreist/
45 Solches solt ihr mit mehrem vernehmen/
Bitt wollet euch gewöhnlich bequemen.

ACTUS

ACTUS I. SCENA I.
Joseph und Maria.
Joseph

Augustus ein Gebot an uns gethan/
Als solt sich schätzen lassen Jederman/
Es solten bey Straff all Häupter in gemein/
50 Mit Zahlung deß Tributs bereit seyn/
Nun mir kein Geld anjetzo bey der Hand/
Zur Leibes Nohtdurfft ich alles gewandt/
Kein Groschen zur Zeit in meiner Macht/
Dieses Elend sey leider Gott geklagt/
55 Weiß auff kein Mittel Geld zu bekommen/
Mein Kräfften von Tag zu Tag abgenomen/
Das Handwerck weiters nicht weiß zu üben/
Schmertzlichen solches mich thut betrüben/
Doch soll ich diese Schatzung entrichten/
60 Vermöge geleisten Eidespflichten.

Maria

Ach Joseph gebt euch ein wenig zur Ruh/
Ein Freund will ansprechen Morgen zu früh/
Bey solchen das Geld zur Schatzung borgen/
Bitt seyd nur dißfalls ohn alle Sorgen.

Joseph.

65 Maria wer hat des Geldes so viel/
Der uns diese Summa vorsetzen will/

A iij   Des

Des Geldes Mangel an allen Enden/
Gott wölle dieses zum besten wenden.
Maria.
Andere Mittel so nicht zu finden/
70 Lasset das Oechslein zugleich anbinden/
Mitführen nach Jerusalem in die Stadt/
Wohin uns Augustus beschrieben hat/
Allda um billich Zahlung verkauffen/
Wird hiermit die Schatzung fast ablauffen.
Joseph.
75 So wir das Oechslein zur Schatzung ge-
Wovon erhalten weiters das Leben.   (ben/
Worauf gesetzt all mein Hoffnung und Heyl/
Soll es so leichtlich aus bieten feyl.
Doch wo zwey Schaden seynd zugegen/
80 Ist der kleinste daraus zu erwegen/
Darum Maria das Oechslein bring herbey/
Will mit dem Eßlein nicht weit von dir seyn.

SCENA II.
Joseph/ Maria/ Ruffinus/ Serpillus/ Titius.

Maria.
So wir nun kommen in die Stadt hinein/
Wo binden wir hin das Ochs und Eselein:
Joseph.

Joseph.

85 Ein Wirth allda mir wol bekandt/
Mit Namen Ruffinus ist er genant/
Beym selbigen wöllen wir sprechen ein/
Können fein stellen das Ochs und Eselein.

Maria.

So etwa andere uns vorkommen/
90 Und dieses Losament eingenommen/
Dieweil viel Volcks / ohn. Zahl / Maß und Weiß/
Jetzunder naher Jerusalem zureist.

Joseph.

Schau an die Stadt thut sich fast nahen/
Lasset uns das Vieh etwas fort jagen/
95 Damit nicht gesperret wird das Thor /
Und über Nacht müssen bleiben davor.

Maria.

Ach Joseph lasst uns nicht eilen so sehr/
Der gang ankommet mich gar zu schwer/
Die Straß wegen des Eiß viel zu glat/
100 Ein stettigen Fall zu besorgen hab/
Mein Gliedmaß von der Kält eingenommen/
Beförchte dörfft zum übelsten bekommen.

Joseph.

Abends wöllen die Glieder erweichen/
Und sie mit warmen Tüchern bestreichen.

A iij   Maria.

105 Maria jetzo bey dem Wirthshaus bin/
Da ich dich verheissen zu führen hin/
Grüß euch Gott Ruffin mein guter Freund/
Könnet ihr mich nicht beherbergen heint/
Wir seyn sehr matt und müd von longer Reiß/
110 Wie dann jedweder Wandersmañ wol weiß/
Die Lufft uns sehr hefftig zugesetzt/
Mit schärffe die Gesichter aufgeätzt.

Ruffinus.

Mein Freund bald euch anders noch hin-
Es ist allbereit besetzt diß Losament/ (wend/
115 Besetzt seyn alle Zimmer und Gemach/
Solches ich euch (glaubt) mit Warheit sag.

Joseph.

Kein Mensch nun weiters mir bekand/
Der uns möchte reichen ein hülffliche Hand/
Doch wöllen wir an der Hülff nicht verzagen/
120 Sondern unser Glück noch weiters wagen/
Den Nachbaur begrüssen ebener massen/
Ob er etwan uns ins Hauß möcht einlassen/
Mein Freund habt ihr im Hause nicht so viel
    Raum/
Daß wir uns nider möchten setzen kaum.

Serpillus.

125 Was hab ich mit dir und dem Weib zuschaf-
Wer weiß wo ihr kommt her gelauffen/ (fen/
    Packe

Packe dich ohn Verzug von der Thür/
Und mach kein weiter Unruh mir.

Maria.

Erbarmen wöllest dich O höchster Gott/
130 Daß wir abziehen müssen mit solchen Spott/
Für Kält und Angst allhiero muß sterben/
Wo nicht bald ein Herberg würd erwerbn.

Titius.

Mein Frau was erhebstu vor ein Klagen/
Und willst gäntzlich allhiero verzagen?
135 Ihr sehet zwar beyderseits selber wol/
Daß mein Hauß der Fremdlingen sehr voll/
Wollet aber im Stall nehmen vor gut/
Diß bin ich auch zu statten gutes muth.

Maria.

Mein lieber Wirth es uns alles gilt gleich/
140 Wir liegen über Nacht hart oder weich/
Den Leib der Schnee allein nicht bestreicht/
Und der Wind etlicher massen abweicht.

Titius.

Wolan trettet herein auf allen Fall/
Biß im Hause leer wird)in diesen Stall.

A v   SCENA

SCENA III.

Joseph / Maria / Titius.

Joseph.

145 Morgens zu früh will ich bald auffstahn/
Und zu Caio dem Metzler gahn/
Demselbigen anbieten dieses Thier/
Werd hören was er will geben dafür.
So bald verkaufft/ den Tribut entrichten/
150 Hiemit des Augusti Willen schlichten.

Maria.

Ob auch dis Thierlein möcht gelten so viel/
Daß wir erlangen dadurch unser Ziel.

Joseph.

Einiger Zweiffel mir nicht ist daran/
Hoffe noch etwas zur Ausbeut zu han/

Maria.

155 Ach Joseph die Zeit nunmehr ist vorhanden/
Daß ich erlöst möcht werden von der Frucht-
Banden/
Die Geburt sich thut nahen herbey/
Wie mir Gabriel verkündiget frey/
Mein Hertz erfüllet mit grosser Freud/
160 So mir ankündigt fröliche Zeit/

Sie

Sie weiters das Kindlein bereits geborn/
So wider erlangen wird das war verlohrn/
Aber wie groß die Kält/wie scharff der Wind
Ich förcht es möcht schaden diesem Kind.
165 Den Wirth bitt daß er uns möcht verleihen/
Und in seine Behausung lassen auffsteigen.

Joseph.

Diese Bitt wird mir gar schwerlich gewert/
Dieweil gar viel ich zumal begehrt/
Doch will ich zum Wirth getrost hingehen/
170 Und mich in seiner Behausung umsehen/
Ob etwan ein Platz gefunden möcht werden.

Maria.

Es were gleich auf der blossen Erden/
So würde doch das Kind von Kält frey seyn/
Und nicht mehr leiden ein solche Pein.

Joseph.

175 Herr Titi/ein Kind uns klein geboren/
Welches zu Nacht fast gäntzlich erfroren/
Darum seyd gebeten laßt uns behend/
Mit dem Kind steigen in eur Losament.

Titius.

Warlich euer Bitt gern wolt Platz geben/
180 So seynd zwantzig jetzo kommen eben/

So

So besetzt mit männig all die leere Stätt/
Seht zu damit man mit den Kind anders hingeht/
Ich auch als ein Wirth von mir gestalt/
All meines Hauses-und Losaments-Gewalt.

Joseph.

185 Maria/unser Bitt ist alle vergeben/
Müssen im Stall bleiben wie vor eben/
Darum dz diß Kind von Kält möcht frey seyn/
Legs in die Kripp zwischen Ochs und Eselein.

Maria.

Geklagt sey Gott dieser Schmertz un Qual/
190 So wir leiden müssen in diesem Stall/
Bevorab dieses zarte Kindlein klein/
So von aller Sünden Mackel ist rein.
Joseph bring her ein Büschelein Heu/
Damit dem Kind ein Bettlein streu/

Joseph.

195 Mein Hertz/ mein Willen und all mein Sinn/
Nimm hinn du allerliebstes Söhnelein.

ACTUS II. SCENA I.

Gallus/Stichus/Widack.

Gallus.

Gallus.

Stiche/ ist dir zur Zeit noch unbekandt/
Wie des Käisers Pfleger Cirinus genant/.
Angesagt ein Schatzung überaus groß/
200 Damit sich jedes Häupt soll kauffen loß/
Bey Straff all seines Haab und Guts/
Wer kan hierbey seyn gutes Muths.

Stichus.

Ey Galle was sagestu immerdar/
Ist es wie erzehlest glaubwürdig waar/
205 Gestattet kan nicht werden diß Begehren/
Dañ das Volck sich sonst kaum kan ernehren.

Wigack.

Ach Gott hat diß Begehrn noch kein End.
Weh immer unser groß Jammer und Elend/
Ich hab vermeint es würd sich verkehrn/
210 Damit wir uns auch möchten füglich ernehrn/
Aber Trübsal hauffenweiß kommt herbey/
Niemand mag von diesem Jammer seyn frey.

Gallus.

Mein Widack du noch nichts hast zu kla=
gen/
Laß mich nur recht von der Armut sagen/
215 Mit mir unschuldigen es also geht zu/
Ich hab weder Tag noch Nacht einige Ruh/
Trag

Trag stetig Sorg vor mein Heerd uñ Schaaf/
Ey wie unbekand ist mir aller Schlaff/
Gestriges Tages bey meinem Gsind war im
    Feld/
220 Allda fleissig mein Schäflein herzehlt/
Befand an der Zahl nicht gar so viel/
Die Ursach ich kürtzlich erzehlen will.
Ein Theil mir der leidige Wolff zerrissen.

Stichus.

Vielleicht sie des Metzlers Hund zerrissen/
225 Denn du sie verkaufft wie gesehen/
Muß alles mit dem Wolffe hingehen.

Gallus.

Wer Stiche/halt nur deinen Mund/
Es beisset der Wolff so wol als der Hund/
Wo du nichts hiervon weiters wirst sagen/
230 Sollestu gleiche Beute davon tragen.

Widack.

Neulichen mir weitläufftig war erzehlt/
Wie Gott von Ewigkeit hätte erwehlt/
Daß Messias in die Welt solt kommen/
Zu Trost und Erlösung aller Frommen/
235 Alsdann würden wir auf dieser Erden/
Aller Bürd und Last enthoben werden.

Gallus.

Gallus.

Ach wär dieses allein also bewand/
Der Messias gleichmässig bey der Hand/
Wie wolten wir alsdann frolocken und sprin-
gen/
240 Und Gott das Gratias mit Freud singen.

Stichus.

Zu welcher Zeit und welchem Ort solls ge-
schehen/
Daß den Armen dieser Trost wird entstehen?

Widack.

Die Zeit zwar nicht ist ernannt/
Der Ort aber uns sehr wol bekandt/
245 Zu Bethlehem soll er werden geborn/
Von einer Jungfrau keusch und auserkoren.

SCENA II.

Engel/Schäfer/Joseph.

(Die Engel singen das Gloria in excelsis.)

Gallus.

Stiche/ ey was ist das für ein singen/
Für ein Jubilieren und auch springen/
Ein Gespenst uns will veriren/
250 Derowegen unsern Schlaff thut turbiren.

Stichus.

Stichus.
Ein groß Wunder/ ein Wunder überaus!
Ein wenig zur Hütten ich sah hinaus/
Behend vernam ein groß und helles Licht/
Ey was ist dieses für ein Geschicht.

Widack.
255 Ein Stimm ich hört so hell und klar/
Scheint als wer es ein Englische Schaar.

Engel.
Ihr Hirten ob dieses thut nicht verzagen/
Eine neue Mehr euch jetzo will sagen/
Vom Himmel hoch ich komme her/
260 Bring euch viel der neuen guten Mähr/
der guten Mähr bring ich euch soviel/
Davon ich singen und sagen will.
Der mächtig und gröste Gott im Himmels-
Thron/
Hat zu euch gesand seinen lieben Sohn/
265 Der ist euch zugleich ein Mensch geborn/
Von Maria der Jungfrau auserkorn/
Zu Bethlehem nahe in Davids Stadt/
Wie euch die Schrifft vor längsten zugesagt/
Das ist euer Erlöser Jesus Christ/
270 Darum befürcht euch nicht zu der Frist/
Dieses soll euch zum Merck und Zeichen seyn/
Daß er liegt nackend beym Vieh in Kripplein.

Gallus.

Gallus.

Nun wolan lasset uns nach Bethlehem ge-
Das Wunder so da ist zu ersehen/ (hen/
275 Was für Gaben wöllen wir offeriren?
Was für Geschenck dem Kind præsentiren?

Stichus.

Ein Flasch voll Milch dem Kind will ver-
ehren/
Daß es sein Mutter besser möcht ernehren.

Widack.

Ein schönes Lamm ich hab unter der Heerd/
280 Welches diß Kindlein gar wol ist werth/
Will es behend mit dem Stab fangen/
Uber meine beyde Schultern hangen.

Gallus.

Will mitnehmen ein wenig Wollen/
Darein sie das Kindlein legen sollen.

Stichus.

285 Die Nacht zu finster nicht kan ersehen/
Ob wir fehl oder recht zur Stadt gehen/
Wo müssen wir gesamt nun weiters aus.

Gallus.

Stiche/ ich sehe allbereit ein Stroh-Hauß/
Allda wöllet nach dem Kind befragen/
290 Sie werdens zweiffels ohn aussagen/

B   Wo

Wofern ers unsäumig müssen hingahn/
Daß wir das Kindlein möchten treffen an/
Holla ist niemand hier bey der Thür/
Der uns an den begehrten Ort führ?
Joseph.
295 Mein Freund wen suchet ihr allhier/
Einen der euch zu weiters fortführ?
Bitt euch/ erklärt doch wo stehet hin/
Eur Gedancken und eiferiger Sinn?
Stichus.
Alt Vatter wir suchen GOttes Kindelein/
300 So allhiero soll erst geboren seyn/
Begehren zu wissen obs wär gewiß/
Das Geschicht so uns verkündiget ist/
Joseph.
So ihr diß wöllet tret mit herein/
Hie ligt das begehrte Kindelein.

SCENA III.

Die Schäfer / Joseph/ Maria.

Widack.

305 Grüsse dich Gott mein liebstes Kindlein/
Gegrüsset seyest du liebstes JEsulein/

Im

Im Stall du ein König geboren bist/
Muß dich ernähren deiner Tochter Brüst.
Schenck dir O König ein Schäfelein klein/
310 Bitt wöllest damit zu frieden seyn.

Gallus.

Dein Bettlein von keinen Federen zart/
Sondern von spitzigen Heu und so hart/
Dein Geburts-Tag nicht zur Sommer-Zeit/
Sondern zu des Winters Bitterkeit/
315 Für den Mäy/ Rosen und Lilien weiß/
Erwählest hatten Frost/ Schnee und Eiß/
Dein Wänglein weich/ dein Näselein zart/
Wie sehr ist aus grosser Kält erstarrt?
Dein schöne güldene lieb Aeugelein/
320 Wie mit bitteren Thränen begossen seyn?
Bring dir O JEsulein ein wenig Wollen/
Darein sie dich fein wickelen sollen.

Stichus.

Seyest willkommen du Kindlein zart/
Wie ligst du so elend und so hart?
325 Du waarer König und Schöpffer aller Ding/
Hält dich dein eigen Volck so gar gering?
O schlechter Stall/ O schlechtes Krippelein?
Wie seyd ihr nun so edel und fein/
Dessen Saal ist der Himmel groß/
330 Bey euch sich aufhält arm und bloß/

B ii   Nimm

Nimm hin diß Fläschlein voller Milch/
Darmit mich in deinen Schutz befilch.
Maria.
Eur Geschenck mich zu bedancken thu/
Vergelts euch GOtt mit ewiger Ruh/
335 Laß euch die Nahrung wol gedeyen/
Wöll euer Heerd und Schaaf benedeyen.
Könnet es hiermit bestehen lassen/
Und hinwider wandern euere Strassen.
Joseph.
Ihr Hirten sage euch fleissigen Danck/
340 Um euer werthes Opffer und Geschanck.

SCENA IV.

Die Schäfer.

Stichus.
Ey wie ist aber dieses bewand/
Daß er geborn wird so unbekandt/
Er leid solchen Mangel/ Frost und Kält/
Da Er doch regiret die gantze Welt.

Gallus.
345 Auf Erden ist Er kommen arm/
Damit Er sich unser erbarm/
Und in dem Himmel mache reich/
Ja seinen lieben Engelein zugleich.

Das

Das hat er alles darum gethan/
350 Sein grosse Lieb hiedurch zu zeigen an/
Zu heilen der gifftigen Schlangen Biß/
Den wir bekommen im Paradiß.

Widack.

Was dieses weiters sey für ein Ding/
Daß er an Pracht sich hält so gering/
355 Hat wollen geboren werden wol im Stall/
Dazu Jerusalem viel Pallast überall.
Den Königen verhalten diß groß Geschicht/
Uns arme Schäfer zum ersten bericht.

Gallus.

Diß hat Er alles gethan zu dem End/
360 Damit der Mensch von Hoffart sich abwend/
Setze hindan den grossen Pracht und Zier/
Hinfüro ein demütiges Leben verführ.

Stichus.

Uns könnte auch wol wachsen der Muht/
Da wir geborn aus Königlichen Blut/
365 Dann wie aus Schrifften wird gelesen/
War David auch ein Schäfer gewesen/
Zum König war wegen männlicher That/
Daß er den Goliath getödtet hat.
Vielleicht das Kind diß in acht genommen/
370 Erstlich zu uns Schäfern wollen kommen.

B iij   Widack.

Widack.

Wann wir unseren Gesellen werden sagen/
Was sich allhier kürtzlich hat zugetragen/
Keinen Glauben werden sie uns geben/
Sondern vielmehr ein Geläch erheben/
375 Dann es mit der Sach also bewand/
Daß es übertrifft aller Menschen Verstand.

Gallus.

Ohn Gefahr nicht können verschweigen/
Müssen es den Ober-Herren anzeigen/
Gen Jerusalem ich Morgens will gahn/
380 Solches dem Stadthalter zeigen an.

Stichus.

Sihe/ unser Crispe kommt herbey/
Welcher uns wird haben gesuchet frey/
Grüsse dich Gott mein geliebster Crispe/
Wie mag es mit den Heerden und Schaafen
gehn?

Crispus.

385 Die Schäflein in den Hürde beysahren seyn/
All vom Grösten biß noch auf das Klein/
Was bringt ihr uns mit vor Zeitung neu/
Ists gewesen wie geben das Geschrey?

Gallus.

Warlich zu Bethlehem da ligt diß Kindlein/
390 In einer Kripp zwischen Ochs und Eßlein/

ligt

Ligt gantz arm geboren in einem Stall/
Wo der kalten Lufft ist offen überall/
Wann du diß Wunder begehrest zu sehen/
Kanst Morgens früh nach Bethlehem gehen.

Engel.

395 Kommt her und sehet ihr zarte Leut/
Wie JEsus wird geboren heut/
Im blossen Stall/ in kalter Nacht/
Solt ihr schlaffen wann JEsus wacht?
Viel warme Kleider brauchet ihr/
400 Darzu Camin und hell Feur/
Im Schnee und Frost eur König leit/
Sein Hertz bezwingt die kalte Zeit/
Rüst zu ewer Hertz und Seelen rein/
Dem allerliebsten JEsulein/
405 Der Liebe Feur ihm zündet an/
Und last ihn nimmer von euch gahn.

ACTUS III. SCENA I.

König Melchior/ Bashi/ Philocratus.

König Melchior.

Mein Quadrant/ Compaß und all Instrument/
Bring her du Bashi ietzo behend/

B iiij   Des

Des Himmels Globi auch nicht vergiß/
410 Es scheint ein Stirn so nie gewiß/
Wie Venus mit der Sonn sich conjungiret/
Darneben etwas anders doch ist formiret/
An Größ und Glantz über aus schön/
Wovon mag dieses Gestirn entstehn?
415 Ist auch nicht von uns gelegen so weit/
In Warheit etwas Hohes diß bedeut.
Recht zur Mitten stehet ein Jungfrau/
Ein Kindlein tragend wie ich schau/
Von grossem Glantz hell ist ihre Stirn/
420 Fürwar mit Schöne übertrifft das Gestirn/
Das Gestirn an keinem End thut still stahn/
Sondern schneller und schneller thut umgahn/
Das Kindlein so die Jungfrau trägt/
Wie ich sehe zum öffteren sich bewegt.
425 Du Bashi herruff die Mathematicos,
So uns erklären diß Wunder groß.
Schwerlichen einer diß wird aussagen/
Was Ursach die Jungfrau ein Kind thue
tragen.
Philocrate könnt ihr was von dem Stern sa=
gen /

Philocratus.

430 Gnädigster König hab kein Kundschafft
darvon getragen.

Hier=

Hierüber die Propheten will consuliren/
Ob aus ihnen etwas möcht deduciren/
Michæas der Prophet zwar was andeut/
In deme er es mit diesen Worten beschreibt/
435 Zu Bethlehem ein Jungfrau wird gebären/
Den Messiam König Himmels und Erden.

Melchior.

Vermein was der Prophet anzeigen will/
Das sey zu Bethlehem jetzo erfüllt/
Derwegen mit Sorgen groß nur bedenck/
440 Was dem König præsentir für Geschenck.
Ein ansehnlich Summ Golds will mit führen/
Dann Gold einem König wol will gebühren.
Besondern einen König Himmels und Erden/
Hoff soll mir dardurch Huld werden.
445 Washi dahin wend allen Fleiß/
Daß wir uns zeitlich geben auf die Reiß.
Philocrate befehlen euch das Regiment/
So lang biß die Reiß gebracht zum End.

SCENA II.

König Balthasar.

Mein Hofgesind mir heut an gesagt/
450 Was für ein Wunder geschehen über Nacht/
Ein Gestirn gewöhnliches Glantz und Schein/
Darinn ein Jungfrau hat scheinen zu seyn/

B v   Besame

Besamt einem Kind so klein und zart/
Vor ein sonders Wunder gehalten ward.
455 Solches Gestirn und Wunder zu ersehen/
Thu ich auf die Straß herfür gehen/
Finde die Sach eben also bewandt/
Wie mir vom Gesind worden ernannt.
O Wunder desgleichen nie erhört!
460 Noch von einiger Histori ist bewehrt/
Ein Jungfrau rein ein Mutter zugleich/
Zugleich/ Kind/ König/ arm und reich/
Nach Bethlehem uns das Gestirn thut weisen/
Als solten wir gesamt dahin verreisen/
465 Anders diß Geheimniß nicht weiß zu gründen/
Denn wie bey den Propheten klärlich zu finden/
Ein Mutter groß ein Jungfrau rein/
Ohn Mann gebären soll ein Kindelein.
Ein König der Juden wird entstehen/
470 Dardurch der Feinde Reich zu Grund gehen/
Darum will auf seyn Morgen zu Tag/
Ersuchen ob ich das Kind finden mag.

SCENA III.

König Caspar.

O Wunder groß/ O höchste Frölichkeit!
Beykommen einsmals ist diese Zeit/

Daß

475 Daß der begehrt Messias ist geborn/
Wie von den Propheten verkündet zuvorn/
Solches diß Gestirn weiters uns bezeigt/
So ihn zu veneriren höchst anreigt/
In dem es kundbar macht diese Geschicht/
480 So die Juden fast gehalten vor ein Gediebt/
Mit hefftigen Begehren eifrig bin entzünd/
Zu suchen diß Kind biß ich es find.
Aber was für Geschenck sollen wir offeriren/
Dadurch das Kind gnug möcht veneriren?
485 Weil er ein GOtt des Himmels und Erden/
Derwegen ihm Weyrauch geopffert muß werden.
Mit solchen Opffer uns wollen versehen/
Verhoffen damit vorm Kind zu bestehen.

SCENA IV.

Melchior/ Balthasar/ Caspar/ Bambus.

Bambus.

Gnädigster König frembdes Volck kommt viel/
490 Dessen schier zu finden kein Maß noch Ziel/
Scheint fast als wär ein König darbey/
Dann zu Mitten einer margieret frey.

Melchior.

Melchior.

Lasset uns ein wenig warten allhier/
So lang biß zu ihnen stossen wir.

Caspar.

495 Euer Liebe seyn gegrüsset mit ihrem Comitat/
Wo dencken sie hin mit solchen Apparat?

Melchior.

Wir folgen vestiglich diesem Gestirn/
Welches uns zum begehrten Ort wird führn.

Caspar.

Eben dieses hat uns auf den Weg gebracht/
500 Welches für ein sonders Zeichen wird geacht/
Denn solches Zeichen andeut den Heyland/
So kommen ist in die Welt gantz unbekandt/
Den wir zu finden hefftig begehren/
Soll es kein Mittel oder Weg verwehren.

Balthasar.

505 Seyd gegrüsset ihr lieben Herren gut/
Wo stehet hin eur Sinn und Muht.

Melchior.

Eur Lieb soll hiermit gedancket seyn/
Unser Sinn steht gen Jerusalem hinein.

Caspar.

Seyd gebeten zeiget mir doch an/
510 Was ihr zu Jeruslem wollet than.

Mel-

Melchior.

Im Esaia man klärlich geschrieben find/
Wie daß geboren soll werden ein Kind/
Nackend/ da es doch sey überaus reich/
Ein König Himmels und Erden zugleich.
515 Dieses ward uns durch den Stern offenbart/
So von männiglichen mit Wunder gesehen
ward/
Wie daß in letzt entwichener Frist/
Das Kindlein allbereit geboren ist.

Balthasar.

Gleichmässig (mag wol mit Warheit sagen)
520 Hat sich in unsern Landen zugetragen.
Ein Gestirn wir allda haben ersehen/
Darinn ein Jungfrau samt einen Kind stehen/
Kommt also hiermit diß an den Tag/
Was unter diesem Zeichen verborgen lag.

Melchior.

525 Aber wie/ will uns der Stern gar verlahn/
So wir als den Wegzeiger gesehen han/
Es seynd uns unbekandt all Weg und Stras
sen/
Auf keines Hülff kühn dörffen verlassen/
Weil allgesamt in diesem Land/
530 Seynd gantz fremd und gantz unbekandt/

Wöl-

Wöllen derowegen von der Reiß abstehen/
Und gen Jerusalem in die Stadt eingehen/
Allda besser erkunden diese Geschicht/
Ob wir möchten haben ein rechten Bericht.

SCENA V.
Der König Herodes/ Balbus/
Melchior/ Balthasar/ Caspar.
Balbus.

535 Gnädigster König Fremdling komen herein/
Welche scheinen hohes Standes zu seyn/
Viel Volckes anhero mit sich bringen/
Weiß nicht ob sie uns möchten umringen/
Mit herrlichen Kleidungen seynd angethan/
540 Fast prächtig und stolz sie herein gahn.
Herodes.
Erkundige von ihnen wo sie herkommen/
Und was zu thun hier sich vorgenommen.
Balbus.
Ihr Herren es will wissen Königl. Maje-
Was Ursach ihr kommen in die Stadt/ (stat/
545 Was Condition/ Geschlechts und Stands/
Dann ihr scheinet eines sehr fremden Lands.
Melchior.
Aus Königl. Stamm wir seynd all geborn/
Zween komen aus Saba/ der dritt aus Mohrn/
Begeh-

Begehren König Herodem selber zu begrüssen/
550 Wofern sein Lieb es nicht möcht verdriessen.

Balbus.

Dieses will Königl. Majestat zeigen an/
Den Herrn zur Stund Antwort wider sagn.
Von Königl. Stamm sie seynd all geborn/
Zween kommen von Saba der Dritt aus Mohrn/
555 Begehren zu begrüssen eur Königl. Majestat/
Wofern ihr Bitt möcht haben Platz und Statt.

Herodes.

Laß sie kommen in gesamt behend/
Zu uns anhero in das Losament.

Balbus.

Unser König euer Gegenwart begehrt/
560 Will daß eur Intent selbers erklärt.

Herodes.

Ihr Herren willkommen / wie das bewand/
Daß ihr zu uns kommet aus fremden Land?

Melchior.

Eur Lieb uns diß wöllen verzeihen/
Die Ursach kürtzlich will anzeigen/.

Zu

565 Zu Saba neulich in unseren Landen/
Ein ungewöhnlich Gestirn ist erstanden/
Darinn ein Jungfrau ein Kindlein tragend/
Merckt was zu euch gesagt behend.
Dadurch wir erstlich han vernommen/
570 Wie der Juden König wär ankommen.
Ein König neulich geboren wär/
Dem zu dienen schuldig das Jüdisch Heer/
Den suchen wir mit allem Fleiß/
Zu dem End erhoben unsere Reiß.

Herodes.

575 Hat sich dieses zugetragen hier zu Land/
Und euch Fremden besser als uns bekandt.
Machet euch auf gen Bethlehem von stunden/
Dann allhero das Kind nicht wird funden/
Suchet es doch und wann ihr es habt/
580 Angebet und auch wol begabt/
So laßt mich es bebend auch wissen/
Damit zum ersten möcht seyn geflissen/
Auf daß ich auch mit gleicher Weiß/
Das Kind anbet und Geschenck beweiß.
585 Das thut ihr lieben drey Herren/
Damit ich das Kindlein auch möcht ehrn.

Caspar.

Nun wölln verlassen Jerusalem den Plan.

Balthas

Balthasar.

Sihe/der Stern thut wider vorher gahn/
Den wir bevorn gesehen im Morgenland/
590 Dardurch das geborn Kindlein han erkandt.

SCENA VI.

Herodes/ Balbus / Caiphas/ Prudentius / Placenti-
nus.

Herodes.

Diese Zeitung mich nicht erschreckt ein we-
nig/
Dieweil ich ein fremd und nit rechter König/
Soll mein Reich von mir werden genommen/
Ein ander dasselbige überkommen/
595 Ruff her die Hohenpriester und Schrifftge-
lehrten/
Will fragen wo JEsus soll geboren werden/
Wo soll der Juden König geboren wern/
Dem dienen solle das Jüdisch Heere?

Caiphas.

Gnädigster König diß sage euch zuhand/
600 Zur Stadt Bethlehem im Jüdischen Land/
Wie solches klärlichen beschrieben steit/
Durch die Propheten zumal bereit.

E Pla-

Placentinus.

Von dem Geschicht der Königen also stehet/
Wie bey den Psalmisten der Verß geht/
605 Dein Sohn soll besitzen die Thürn seiner Feind/
Auch alle die so ihme zu wider seynd/
Viel Volck ihm wird folgen auf Erden/
Viel in seinem Namen gesegnet werden/
Sein Name wird heissen Emanuel/
610 Wie klärlich bezeiget Ezechiel/
Rein Butter/rein Honig wird er essen/
Das gute erwehlen/das böß vergessen.

Herodes.

Wie kan oder mag denn dieses seyn/
Ein Jungfrau soll gebären ein Kindlein.

Placentinus.

615 Des Weibes Samen die Schlang wird tretten nider/
Alles was verlohrn bringen wider?

Herodes.

Der Königen einer mir sagt frey/
Trug solches gäntzlich keinen Scheu/
Ein König der Jüden zur Zeit ist geborn/
620 So wider bringen wird was verlohrn.

Er

Er sagt von Bethlehem wir han vernommen/
Wie uns zu Trost ein Erlöser sey kommen/
Ein gerechter Fürst/ein waarer Hirt/
Der uns gesamt wol regiren wird.
625 Möcht hierinn gern ein Gewißheit haben/
Diß thu ich euch mit Warheit sagen/
Mein Reich steht hierdurch in groß Gefahr/
So/wie ihr sagt/dieses ist waar.

Prudentius.

Mein Herr also es nicht zuverstehen/
630 Als solt eur Reich hierdurch zu Grund gehen/
Ein König wird er zwar werden genannt/
Aber kein Gewalt haben in seiner Hand/
Verurtheilen wird ihn zu dem Todt/
Sein Volck/ihn haben vor ein Gespot.

Herodes.

635 Besser es wer so man ihm behend vorkäm/
Und in der Jugend das Leben abnehm/
Ehe das Volck möcht weichen auf sein Seit/
Aufs neu entstehen ein blutiger Streit/
Leichtlich entspringen möcht ein solches Leid/
640 Dieweil zu ihm kommen König allbereit.

Placentinus.

Eur Majestat stellen ihr Gemüth zu Ruh/
Sehen diesen Lauff noch ein wenig zu/

C ij   So

So lang biß die Weisen von Morgenland
Widerkommen/erzehlen wie es bewand.

Herodes.

645 Wir beförchten es möcht werden zu bekand
Entzwischen in dem Jüdischen Land/
Weil/wie wir gestriges Tags vernommen/
Ein Engel zu den Hirten aufs Feld kommen/
Ihnen verkündiget erst neue Mähr/
650 Wie der König zu Bethlehem geboren wär/
Will wetzen mein Sinn und mein Muth/
Wie möcht vergiessen des Kindes Blut.

SCENA VII.

Maria/ Joseph /die drey Könige.

Caspar.

Schauet der Stern hie thut still stahn/
Wollen zum Kind im Stall eingahn/
655 Grüß euch Gott mein zartes Jungfräulein/
Ist hie zufinden das gewünschte Kindelein?

Maria.

Hie ligt das geliebste Kindelein/
Gewickelt in schlechte Tüchelein.

Baltha-

Balthasar.

Wir wollen hingehn zu diesem Plan/
660 Das geborne Kindlein zu beten an.

Melchior.

Gelobt bist du O kleines Kind/
Gelobt sey GOtt daß ich dich find/
Ein werthe Reiß wir haben gethan/
Damit wir dich doch treffen an/
665 Will opffern dir hiermit rothes Gold/
Bitt wollest bleiben zu aller Zeit hold.

Balthasar.

Ist das der Gott Himmels und Erden
Ein König/Fürst über alle Herren/
Nimm hin dir opffer bittere Myrrhn/
670 Wie Göttern zu thun sich will gebührn/
Mein Herr wann wider komme zu dir/
Wollest weiters gnädig seyn mir.

Caspar.

O du höchster Gott/du grosses Kind/
In einem Stall ich dich hiero find/
675 Will dir verehrn nimm hin Weyrauch/
Wie bey uns den Königen in Gebrauch.
Erzeig mir ferners dein Gnad und Huld/
Verzeih mir all mein Sünd und Schuld.

Melchior.

Urlaub wollet nehmen vom Kindelein/
680 Auch von Maria der Mutter seyn.

Balthasar.

Nun behüt dich der Allmächtig GOtt/
Vor Angst/Kummer und aller Noth/
Behüt dich Gott der ewige Vatter dein/
Von dannen es muß geschieden seyn.

Caspar.

685 Wolan Joseph/lieber Joseph mein/
Lasse dir das Kind befohlen seyn/
Kein Müh und Fleiß an ihm nicht spar/
Gott wird es dir belohnen fürwar.

Joseph.

Ihr Herren/GOtt der Allmächtig euch
nicht verlaß/
690 Begleite euch auf allen Weg und Straß.

Balthasar.

Wollen wir nun Herodi den gefallen thon/
Und wo diß Kind zufinden zeigen an?
Doch wollen hier bleiben über Nacht/
Die Zeit der Finsterniß herbey bracht.

SCENA

SCENA VIII.

Der Engel / Joseph / Maria, die drey Könige.

Engel.

695 Ihr König so Gaben dem Kind gebracht dar/
Wollet meiden die vorstehende Gefahr/
Wollet nicht wider zu Herode einkehren/
Das Kind damit von der List zu erwehren/
Derwegen suchet einen andern Weg aus/
700 Vermeidet des zornigen Herodis Haus.
Dann Herodes gesonnen ist gantz und gar/
Das Kindlein umzubringen dar/
Derwegen weil ihr solches habt verstanden/
Könnet lencken wider zu euern Landen.

Melchior.

705 Ein seltzam Gethön ich hab gehört/
Als wers uns von dem Engel gewehrt/
Daß wir solten meiden Herodis Haus/
Auch einen andern Weg suchen aus.

Caspar.

Desgleichen ich auch hab vernommen/
710 Von dem Engel so ins Gemach kommen/
Daß Herodes dahin gericht all sein Muth/
Wie er möcht vergiessen des Kindes Blut.

C iiij   Hero-

Herodes so steckest du in solcher Bosheit/
Bey dir einzukehrn von uns sey weit.

Engel.

715 Joseph von GOtt ich dir verkünd/
Wie du sollest fliehn aus Bethlehem geschwind
Besamt dem Kind und Mutter fein/
Diß laß dir ernstlichen befohlen seyn/
Herodes wütet voller Tyranney/
720 Weil es vom Kind kommen das Geschrey
Ist Sinns dasselbig zu verderben/
Als müst es von seinen Händen sterben/
Damit erledigt würdst von Herodis Com-
mant/
Mit dem Kind fleuch in Egypten Land.

SCENA IX.

Herodes/die Königin / die Knechte/
das Jüdische Heer.

725 Bey Jove dem Gott bin ich nicht betrogen/
Haben mir die König nicht fein vorgelogen/
Verwichen nunmehr mannlicher Tag/
Daß ich ihrer erwartet hab/
Widerum sie nicht zu mir wollen kommen/
730 Haben auf eine andern Weg ihre Reiß genom-
Weñ allein wüst wo were dieses Kind/ (men/
Oder wo ich es mit den meinigen find/

Wolte

Wolte mit grosser und völliger Gewalt/
Jhm abnehmen sein Königreich bald/
735 Dann solt ein ander König seyn geborn/
So wird es mit mir alls seyn verlohrn/
Zu der letzt die Gemein an mir verzagt/
Es muß viel anders seyn gewagt.
Ehe will ich mich dieses unterwüngen/
740 All Knäblein Judeæ lassen umbringen.
Will sie erschrocklich lassen erwürgen/
Damit erlöst wird von den Sorgen/
Jhr Knecht hiermit euch anbefohlen sey/
Wie ihr sollet umgehen im Land frey/
745 Sollet umbringen die Knäblein überall/
So seynd mindern des andern Jahrszahl/
Lasset euch bestechen mit keinen Gaben/
Anders kost es euer Leben thu ich euch sagen/
Tödtet die Knäblein im Land allzugleich/
750 Sie seynd gleich Arm oder auch Reich.

Patavius.

Jhr Majestat wollen mir die Gnad erzeigen/
Mein Söhnlein von dem Mandat befreyen/
Hieraus wird entstehen kein Gefahr/
Solches bitt ich gantz unterthänig fürwar.

Herodes.

755 Was? wilst du meinem Gebot widerstreben?
Das soll dich kosten Leib und Leben.

C v

Köni-

Königin.

Gnädigster Herr gedenckt an Barmhertzig-
Warlich es wird euch letzlich thun leid/ (keit/
Daß ihr vergossen so viel unschuldiges Blut/
760 Gnädigster HErr sehet zu was ihr thut.

Herodes.

Pack dich hinweg du närrisch Weib/
Merckst nit was gibt vor ein Ungelegenheit/
Entnommen wird von uns das Regiment/
Wo ich dem übel nicht gar bald vorwend.
765 Sollst du mich nun erstlich regiren/
Diß will mir einen König nicht gebühren/
Ihr Knecht/ihr habt vernommen wol/
Was ein jedweder nun thun soll.
Alhiero habt das Königliche Mandat/
770 Wie es eur Herr und König befohlen hat/
Publicirt es an allen Ort und Enden/
Niemand von dem sich bey Straff abwenden.

Jambus.

Unser Gnädigster Herr Königliche Ma=
jestat/
Befohlen durch ein ernstlich Mandat/
775 Daß man umbringen soll all Knäblein/
So da unter dem andern Jahre seyn/
Hier wieder soll helffen noch Gut noch Geld/
Ihr Majestät es also wol gefält.

Wer

Wer diesen Gebot wird widerstreben/
Soll kosten sein Haab/Gut und Leben.
Jüdisch Heer.
O wehe/wehe/dieses scharffe Mandat!
Der König auch die Macht unsers Lebens hat.
Sollen wir lassen tödten unser Kinderlein/
Was wirds geben vor ein Schmertz und Pein.

Jambus.
Du Böswicht wilst du dem Gebot widerstreben?
Es soll drob kosten dein Leib und Leben/
Jsts nicht besser daß die Kinder all sterben/
Dann wir in gesamt mit ihnen verderben.

Herodes.
Dieser Mensch soll des Tods schuldig seyn/
Nehmet/stecket ihn ins Gefängnis ein.

Patavius.
Hierbey sehen Jhr Königliche Majestat/
Wie ich nachkommen denselben Mandat/
Zum Zeichen ich zwey tausend Köpff mitgebracht/
So mit meiner Hand allein umbracht.

Jambus.
Sechs tausend ich in einer Summ
Der kleinen Kinder gebracht um.

Lespus.

Lespus.

Acht tausend ungefähr ist mein Zahl /
So ich ertödtet habe überall.

Balbus.

Ich samt meinen Gesellen auf die Schlacht
800 Geopffert ein Hundert tausend viertzig acht/
Ihr Königliche Majestat seyn wolgemuht/
Vergossen auch ist des Königes Blut.

Herodes.

Wolan hinweg nun ist alle Gefahr/
Die mir wegen des Kindes entstanden war.
805 Diese Sorg von mir ihr habt genommen/
Derwegen ein gut Lohnung solt bekommen.

Epilogus.

Christliche Zuhörer es zum End kommen/
Vermein werds mit mehren han vernommen.
Wie der selig Schöpffer aller Ding/
810 Angezogen eines Knechtes Leib gering.
Ein Jungfrau getragē das heimliche Pfandt/
Das der Natur war gantz unbekandt.
Die edelste Mutter zart hat geborn/
Den Gabriel verheissen lang zuvorn/

Den

815 Den S. Johannes mit Fingern angezeiget/
Indeme er noch gelegen im Mutter Leib/
Wie Gott im Heu mit Armut groß
Zu ligen getragen keinen Verdroß/
Sein Leben in Trübsal gefangen an/
820 In deme ihn hefftig verfolget han/.
Herodes besamt der Jüden Hauffen/
Die ihn noch letztlich thäten verkauffen.
Derwegen bey euch Unzucht/Geitz und Stoltz-
heit/
Lasset verliehren Platz und Streit/
825 Anderen statthaltet die in Hut/
Unschuld/Andacht/Trost und Demut/
Durch welche Todt und Satan fällt/
GOtt und Himmel der Mensch erhält/
Derwegen wollet zum Kampff seyn bereit/
830 Mit den Lasteren erheben diesen Streit/
Damit wir letztlichen allzumal/
Mögen eingehen in himmlischen Saal.

E N D E.

Die

Die Personen in dieser Comedi.

Prologus.
2. Engel.
Joseph und Maria.
Ruffinus der Wirth.
Serpillus / Titius / 2. Nachbaurn.
Gallus /
Stichus / } Drey Schäfer.
Widack /
Melchior /
Balthasar / } Drey Könige.
Caspar /
Philocratus.　　Bashi.
König Herodes.　Die Königin.
Caiphas.　　　　Prudentius.
Patavius /
Jambus /　　} Vier Knechte.
Lespus /
Balbus /
Placentinus.　　Jüdische Heer.
Epilogus.

NACHWORT

Der Text der Oberuferer Weihnachtsspiele, wie ihn Karl Julius Schröer im Jahr 1858 veröffentlicht hat[1], bildet bis heute die Grundlage für jede Beurteilung dieser Spiele; auf ihm beruhen alle späteren Ausgaben, die in mehr oder weniger starker Bearbeitung zu Aufführungszwecken erschienen sind. Wohl hat man sich verschiedentlich bemüht, die Originalmelodien der Lieder und Weisen, die von Schröer nicht mitgeteilt worden waren, zu sammeln und notenmäßig festzuhalten; der Text selbst aber schien durch Schröers Edition gesichert zu sein.

Schröer ging von der einzig vollständigen Handschrift aus, die, wie er angibt, vermutlich zu Anfang des vorigen Jahrhunderts angefertigt worden war. Sie hatte durch Wasserschaden sehr gelitten, doch verdankte ihr Schröer etliche Stellen, die zu seiner Zeit nicht mehr gespielt wurden. Die Spieler ihrerseits besaßen selbstgefertigte Rollenhefte, die sie jeweils von denen ihrer Vorgänger kopiert hatten; allerdings waren sie gewöhnlich so schlecht geschrieben, daß es kaum möglich war, aus ihnen den richtigen Zusammenhang des Spieles herzustellen. Für das »Paradeisspiel« existierte keine Handschrift. Hier mußte Schröer das Stück ganz aus den einzelnen Rollen abschreiben, doch hat er den so entstandenen Text mit mehreren Aufführungen verglichen, so daß, wie er sagt, nichts daran fehlte oder verstellt worden war.

Die höchst eigenwillige Orthographie der Handschrift wurde von Schröer unter Beibehaltung der Mundart (»insoweit sie aus den Reimen erkannt werden kann«[2]) normiert, und zwar »nach neuhochdeutscher Schreibweise«, wobei er sich offensichtlich den damals von Uhland und Jacob Grimm ausgehenden Bestrebungen (Kleinschreibung, Vermeidung von Konsonanten- und Vokal-Verdoppelungen, Tilgung des Dehnungs-h usw.) anschloß[3].

Angeregt durch Karl Weinhold, dem er sein Manuskript vor der Drucklegung zugesandt hatte, fühlte sich Schröer zu mancherlei Emendationen und Texteingriffen veranlaßt. Vor allem suchte er die Verse metrisch zu glätten und nach Möglichkeit dort Reime herzustellen, wo sie in der Überlieferung verlorengegangen waren. Gelegentlich fügte er auch Stellen aus verwandten Spielen ein oder übernahm deren Lesarten; auch ergänzte er den Text durch ältere, damals nicht mehr gespielte Szenen, die er in der Handschrift vorfand.

So mag es verständlich werden, daß in den Augen der Oberuferer, die bis in unsere Zeit, auch nach der Vertreibung aus ihrer Heimat, an der eigenen Spieltradition festhielten, Schröers Textfassung nebst allen weiteren Veröffentlichungen als unauthentisch und keineswegs mit ihrem Spiel übereinstimmend gilt. Sie behaupten, allein im Besitz der einzig echten Handschrift zu sein, zu der sie jeden Zugang verwehren. Wie A. E. Emeritzy berichtet, wurden die wohlmeinendsten Fragen und Argumente stets nur mit einem barschen »Niemals!« beantwortet, denn ein heiliger Schwur verbiete ihnen, die Handschrift auszufolgen[1].

Um welches Manuskript es sich dabei handelt, ist nicht schwer zu erraten, hatte sich doch im Jahr 1883, fünf Jahre nach der Feuersbrunst, in der die Spielunterlagen und mit ihnen die von Schröer benutzte Handschrift vernichtet worden waren, der damals zweiundzwanzigjährige Michael Wendelin, Sohn des Spielleiters Georg Wendelin, darangemacht, den ursprünglichen Text der Spiele wiederherzustellen. Er berichtete darüber: »Da hat sich mein Vatter bekümmert wegen die Schriften, es fanden sich welche für, auch ein Buch fand man bei dem Schwiegersohn des Mallatitsch (des Spielleiters zu Schröers Zeiten) vor, bei dem Christian Schwarz, was nämlich ein gewisser Schröer drucken ließ ...«

Zum Teil wohl mit diesen Hilfsmitteln, im wesentlichen aber aus mündlicher Überlieferung, also unabhängig von Schröer, entstand damals ein Manuskript von 160 Seiten (wozu einige Leerseiten sowie Aufzeichnungen von Volksbräuchen kamen) mit dem Titel: »Das Oberuferer Weihnachtsgespiel vom Jahr 1883, geschrieben von Michael Wendelin in OberUfer Nr. 60 bei Preßburg in Ungarn«; und wir werden nicht fehl mit der Meinung gehen, daß das heute so streng gehütete Dokument mit diesem Wendelinschen Manuskript identisch ist.

In der Hand gehabt und beschrieben hatte es bereits der Heimatforscher Karl Benyovszky, als er 1934 anläßlich einer von ihm veranlaßten Aufführung in Oberufer eine Schrift mit dem »Originaltext« der Spiele herausgab[5]. Leider aber verwendete er das ihm vorliegende Dokument lediglich für den Abdruck des von Schröer noch verschmähten Schuster- und Schneider-Spiels, während er den Text des Christigeburt- und des Paradeisspiels in der Schröerschen Fassung brachte, und zwar, wie ein Vergleich zeigt, nach den bei Breitkopf & Härtel 1918 erschienenen Textbändchen, die vermutlich als Druckvorlage am ehesten greifbar waren. Die »authentischen Ergänzungen« und »zum ersten Male aufgenommenen Szenen«, von denen im Vorwort und S. 74 f. die Rede ist, erweisen sich als unerheblich[6].

Über den Wert des Wendelinschen Manuskriptes, das ihm damals zur Verfügung stand, äußerte sich Benyovszky recht geringschätzig. Es könne nicht in jeder Beziehung als einwandfrei bezeichnet werden. Der Text sei von Wendelin aus dem Gedächtnis niedergeschrieben worden, weshalb es nicht wundernehme, wenn ihm einige Szenen im Laufe der Jahre entfallen seien, andere wieder an unrichtigen Stellen stünden und »ganz unabsichtlich in dem Originaltext solche Veränderungen vorgenommen wurden, die zweifellos nur der begrenzten Bildung und Denkungsart des einfachen, arbeitsamen Bauern zuzuschreiben sind«.

Die Beispiele, die Benyovszky für seine Behauptung anführt, erweisen allerdings gerade das Gegenteil[7]. Nicht die Bauern hatten ihren Text verändert, sie hatten ihn vielmehr noch immer, wie Wendelins Manuskript zeigt, mit erstaunlicher Treue bewahrt. Die von Benyovszky zitierten »unrichtigen« Stellen hatten in der gleichen Form bereits in der von Schröer benutzten, inzwischen vernichteten Handschrift gestanden. Die Szenen, die Benyovszky bei Wendelin vermißte, waren von Schröer deutlich als »verpönt und gegenwärtig nicht mehr üblich« gekennzeichnet worden, weshalb sie von den Spielern nicht mehr abgeschrieben, geschweige denn gespielt wurden.

Wenn daher Emeritzy, Benyovszkys Darstellung folgend, die von Wendelin verfaßte Handschrift als weniger wertvoll gegenüber Schröers gedruckter Fassung bezeichnet, die den nicht überlieferten Urtext doch wohl am getreuesten ersetze[8], so entspricht das nur bedingt dem wirklichen Sachverhalt.

Daß Schröer bei seinen Emendationsversuchen, zu denen er bei dem schlechten Zustand der Handschrift gezwungen war, nicht immer das Richtige traf, war bei dem damaligen Wissensstand auf dem neu erschlossenen volkskundlichen Gebiet unvermeidbar und schmälert seine Verdienste um die Entdeckung und Veröffentlichung dieser Spiele nicht. Zum Textvergleich konnte er nur wenige verwandte Spiele heranziehen, so vor allem die von ihm kurz vor Abschluß seines Buches aufgefundene Preßburger Handschrift und die ihm erst danach bekanntgewordene Ragendorfer Handschrift, die er in einem Nachtrag fragmentarisch veröffentlichte[9]. Immerhin wußte er bereits um die

Verwandtschaft der Oberuferer Bauern mit den Preßburger Weingärtnern einerseits und den Heidebauern südlich der Donau andererseits, zu denen die Ragendorfer gehören.

Heute gilt es als gesichert, daß Oberufer und Preßburg, die fast dieselben Spiele besaßen, nur die nördlichsten Ausläufer einer Spielkultur darstellen, die ihren Kern südlich der Donau, eben im Gebiet der protestantischen Heidebauern, hatte, und man nimmt an, daß die Spiele um das Jahr 1630 von innerösterreichischen Exulanten nach dort verpflanzt worden waren, wo sie sich in fremder Umgebung unbeeinflußt erhalten konnten[10].

Die erst 1940 von Karl Horak veröffentlichten Christigeburtspiele des Heidebodens aus Pamhagen, Andau und Wallern zeigen eine enge Verwandtschaft mit Oberufer und Preßburg[11]. Dagegen wurde das Paradeisspiel, das in Oberufer und Preßburg als zweites Spiel einer Dreiheit (mit dem Schuster- und Schneiderspiel) auftritt, auf dem Heideboden nicht vorgefunden; auch nicht von Schröer in Ragendorf.

Die Handschriften, in denen die Christigeburtspiele überliefert wurden, stammen aus neuerer Zeit und bieten zumeist einen bereits recht verderbten Text. Die älteste Handschrift, aus Ragendorf, wurde 1773 angefertigt, Preßburg 1792, Oberufer um 1800 und 1883, Pamhagen in den sechziger Jahren, Wallern 1895, Andau 1900. Im vorliegenden Fall existiert aber neben diesen unvollkommen überlieferten Texten noch etwas Besonderes, das Leopold Schmidt als ein »Unikum« in der Geschichte der Volksschauspiele bezeichnete[12], nämlich eine gedruckte Fassung aus dem 17. Jahrhundert. Es handelt sich dabei um einen billigen volkstümlichen Druck ohne Angabe eines Verfassers oder Druckorts mit dem Titel: »Ein schöne neue Comedia Von der Geburt JEsu Christi, unsers Heilandes und Seligmachers Jetzo zum ersten der Jugend zum besten in Druck verfertigt. Gedruckt im Jahr 1693«. Das einzige davon aufgetauchte Exemplar befindet sich heute in der Staatsbibliothek Preußischer Kulturbesitz in Berlin. Johannes Bolte, der 1884 erstmals auf diese »älteste Aufzeichnung des Volksdramas« hingewiesen hatte[13], veröffentlichte den Text des, wie er meinte, »süddeutschen Spiels« 1926 an entlegener Stelle und in nicht sehr korrektem Abdruck[14]. Über das Stück, das er sich als vor dem Dreißigjährigen Krieg im protestantischen Süddeutschland entstanden dachte, sagt er in der Einleitung:

»Der Verfasser war wohl ein Schulmeister, wie die lateinischen Namen der Nebenpersonen und das Verweilen bei der astronomischen

Weisheit der Könige und der Prophetenauslegung der Schriftgelehrten verraten. Er beseitigt die Gesänge und setzt auch die Lutherischen Lieder (V. 259, 345) in Sprechpartien um; sein Stil ist steif und ungeschickt, reich an Fremdwörtern (Apparat, Comitat, Commant, Intent, Losament, Schargant, margiren, offeriren, praesentiren, veneriren), sein Vers holperig und überladen. Häufig läßt er ›ich‹, ›wir‹, ›ist‹, ›sind‹, ›hat‹ usw. aus.«

Dagegen machte Leopold Schmidt geltend, daß im katholischen Süddeutschland weder vor noch nach dem Auszug der protestantischen Umsiedler eine Veranlassung zum Druck des Spiels bestanden hätte, wohl aber in deren neuen Heimat, eben dem Heideboden:

»Hier wäre es doch denkbar, daß ein Gebildeter aus ihrer Mitte – die Protestanten nahmen ihre Schulmeister sowieso häufig genug mit sich – das Spiel nach der mündlichen Tradition, vielleicht in manchem etwas verändert, drucken ließ. So mag denn dieser Druck vielleicht erst in der Neusiedlung im deutschen Osten, ja vielleicht in *Preßburg* selbst geschaffen worden sein.«[15]

Schmidts These – später verwies er auch auf Ödenburg als möglichen Druckort[16] – ist um so wahrscheinlicher, als sich tatsächlich die »Comedia« als eng verwandt mit den Spielen gerade dieser Gegend erweist. Der Text der »Comedia« bildet sozusagen das Gerüst der Spiele, das an den einzelnen Spielorten unterschiedlich auf die eine oder andere Weise durch Liedeinlagen, Textimprovisationen und sonstige Zusätze ausgefüllt wurde.

Schon Schmidt lehnte es ab, in dem Druckwerk von 1693 die »Urfassung« der Spiele zu sehen, zumal dort bereits Wörter unverständlicher Herkunft, wie z. B. der Hirtenname Widack, vorkämen. Tatsächlich muß bereits vor dem Druck ein altes Manuskript der »Comedia« existiert haben, auf das sowohl der Druck wie die Spiele zurückgehen. Dieses Manuskript hat beispielsweise die Akteinteilung besessen, wie sie der Druck aufweist, wie sie aber auch noch in der Ragendorfer Handschrift andeutungsweise zu erkennen ist. Wenn in der Handschrift zu Beginn der Hirtenszenen »Rachus Sechus« und vor Beginn der Königsszenen »Aechus thädtus« steht, so ist das nichts anderes als ein verderbtes »Actus secundus« und »Actus tertius«, wie schon Schröer richtig erkannte: »Das verschnörkelte große A einer Handschrift des 16. oder 17. Jahrhunderts wurde einmal Ra, das andre Mal Ae gelesen – ein Rest aus der ersten Handschrift!«[17] Der Druck weist an den gleichen Stellen nur die Ziffernangaben »Actus II« und

»Actus III« auf, während das Urmanuskript offenbar die lateinische Bezeichnung benutzte, was mit manchen anderen Anzeichen auf einen gelehrten Verfasser deutet. Daß aber die späteren Handschriften gelegentlich den ursprünglichen Text getreuer bewahrten, als es der gebildete, jedoch auch einmal fehlgreifende anonyme Herausgeber von 1693 tat, mag folgende Beobachtung zeigen. In den Handschriften von Andau, Wallern und Preßburg ist im Epilog von dem verheißenen Heiland die Rede, den Sankt Johann »mit Springen« anzeigt, was der Herausgeber in »mit Fingern« änderte, da ihm offenbar die Bibelstelle Lukas 1,41 nicht bewußt war, wonach bei Marias Gruß das Kind in Elisabeths Leib hüpfte.

Eine besondere gegenseitige Beziehung besteht zwischen den Spielen aus Oberufer, Andau und dem Erstdruck von 1693. Die Andauer Handschrift bildet sozusagen das verbindende Mittelglied zwischen Oberufer und der »Comedia«, und zwar so, daß sich Andau einerseits eng an den Text der »Comedia« anschließt, andererseits aber die dort fehlenden Lieder und Hirtengespräche mit Oberufer gemeinsam hat; der Epilog aus der »Comedia« verschmilzt unmittelbar mit dem Engel-Epilog aus Oberufer.

Aus dem Vergleich dieser drei Texte lassen sich viele verderbte und unverständlich gewordene Stellen aufklären und die von Schröer bereits vorgenommenen Emendationen verbessern. So will Josef natürlich in Bethlehem nicht zum Metzger »nach Kana« gehen (190), sondern zu einem Metzger namens »Caio«. Der Stichl redet nicht nur andeutend von einer »unversênen weis«, mit der die Schafe vom Metzgerhund erbissen wurden (329), sondern er sagt geradezu, daß Gallus sie dem Metzger verkauft habe, »wie ich gesehen«, worauf Gallus nicht wie bei Schröer zur Verträglichkeit rät (334 f.), sondern sich Stichls Schweigen durch Bestechung erkaufen will: »Wo du nichts hiervon weiters wirst sagen, / Sollestu gleiche Beute davon tragen.« Stichl schaut nicht »für den Hut« hinaus (372), sondern »zur Hütten«, und ihm wächst nicht der Mut, weil König David aus königlichem Blut geboren ist (536), sondern: »da wir geborn aus Königlichen Blut«. Insbesondere die lateinischen Wörter wurden von den Oberuferer Bauern mit der Zeit so entstellt, daß Schröer sie in ihrer ursprünglichen Lautung nicht mehr erraten konnte: So wurde aus König Melchorts »Quadrant« und »Compas« bei Schröer ein »gatter-compas« (595), und »des Himmels Globi« zu »des himels gloria« (597), »conjungiren« und »consultiren«

zu »consamanieren« (599 und 621), »formiret« zu »vor mir« (600), »veneriren« zu »respectieren« (670) usw. usw.

In der von Schröer benutzten Handschrift gab es Stellen von grotesker Unverständlichkeit, wobei kaum zu entscheiden ist, ob es sich um ein orthographisches Verderbnis oder ein sachliches Unverständnis handelte. Schröer gesteht, daß es ihm wenig nützte, sich eine unverständliche Manuskriptstelle durch einen alten Spieler vorsagen zu lassen: »Gewöhnlich war der Wortlaut so vollständig derselbe, daß mir daraus keine Aufklärung ward.« Wenn in der Handschrift der Vers 844 beispielsweise lautete: »Renn bruder Renn Honig wird er essen« (was Schröer nach Jesaja 7,15 einleuchtend zu »denn butter und honig wird er essen« emendierte), so wird eine solche Textverderbnis phonetisch erst verständlich, wenn es in der »Comedia« dort heißt: »Rein Butter, rein Honig wird er essen.« Für Vers 566 »Bis d'hinkombst!« gibt Schröer in den Fußnoten als Variante aus einer anderen Handschrift an: »Feldweg«, was in diesem Fall aber wohl nichts anderes für den Vers besagen wollte als »Fällt weg!«.

Anläßlich der Dornacher Aufführungen der Spiele erwähnte Rudolf Steiner in seinen letzten Begrüßungsansprachen, daß es ihm an Zeit gefehlt habe, den Schröerschen Druck, der durch die von Schröer selbst geschilderten Umstände nicht fehlerfrei sein konnte, neu herauszugeben und die »ursprüngliche, echte Fassung wiederherzustellen«[18]. Die vorliegende Edition unternimmt den Versuch, an Hand der kaum beachteten Fußnoten Schröers den ursprünglichen Text der von ihm benutzten Handschrift zu rekonstruieren, allerdings notgedrungen in der von ihm angewandten Orthographie. Die von Schröer vorgenommenen Emendationen und Einfügungen wurden jeweils in eckigen Klammern dazugesetzt, soweit es sich nicht bloß um rückgängig gemachte Textglättungen handelte.

Durch den Vergleich des Textes mit dem Erstdruck von 1693 und der Andauer Handschrift ist es heute möglich, die Berechtigung der handschriftlichen Lesarten zu überprüfen, Mißverstandenes richtigzustellen, spätere Einschübe, Ausfälle und Umstellungen zu erkennen, wobei es besonders bedeutsam ist, daß der Erstdruck und die Handschrift trotz des weitgehend gleichlautenden (wenn auch in Andau verderbten) Textes in völliger Unabhängigkeit voneinander auf ein verschollenes Urmanuskript zurückgehen.

Es lag nicht in unserer Absicht – obwohl die Versuchung nahe gelegen hätte –, einen »Urtext« auf synthetische Weise herzustellen.

Vielmehr wurde vom Schröerschen Text ausgegangen und lediglich versucht, über ihn hinaus zur ursprünglichen Fassung hinzuführen, wobei die Fußnoten sowie die Konkordanz am Schluß des Buches gute Dienste leisten sollen.

Wenn heutige Spieler den ihnen liebgewordenen Spieltext unverändert beibehalten in der berechtigten Überzeugung, daß die in herzhafter Aneignung und Umformung gewonnene Tradition einen nicht zu unterschätzenden Gemütswert besitzt, so werden doch auch sie manchen vielleicht durch eigene philologische Nachforschung gewonnenen Aufschluß, manche Klärung vorhandener Fragen, die ihnen im Vergleich der drei Fassungen zuteil wird, begrüßen.

Anmerkungen

1 Deutsche Weihnachtspiele aus Ungern. Geschildert und mitgeteilt von Karl Julius Schröer. Wien 1858. – Schröers Angaben über Herkunft und Spielweise der Spiele und seine Sach- und Worterklärungen wurden von mir in der Sammlung »Denken-Schauen-Sinnen«, Bd. 28/29, Stuttgart 1963, neu herausgegeben.

2 Nach Schröers Feststellungen ist die Sprache des Stückes von der Oberuferer Mundart unterschieden, wobei sich die Spieler um die Einhaltung der mehr mitteldeutschen Schriftsprache bemühen. Nur Josef, die Hirten und der Teufel dürfen in die oberdeutsche Mundart verfallen. (Schröer a.a.O., S. 51, 55, 73, 134.)

3 Bei der Erwähnung einer Edition G. Friedländers von 1839 kritisiert Schröer, daß der Abdruck von Pondos Weihnachtsspiel »möglichst treu« veranstaltet wurde und einem Faksimile nahekomme, wodurch das Stück »fast ungenießbar« geworden sei (a.a.O., S. 22). In den Berichtigungen am Ende seines eigenen Buches bedauert Schröer mancherlei Ungleichheiten, die in der normierten Schreibung stehen geblieben seien. So müsse es stets heißen:

al, beisamen, beloner, dis, ê, erkant, erschinen, fal, gê, gefält, gefälet, gên, Got, imer, ir, kom, kumen, man, mat, mer, nider, nim, ru, sih, sol, stân, verstên, vol, wê, wider usw.

statt:

all, beisammen, belohner, dies, eh, erkannt, erschienen, fall, geh, gefällt, gefehlet, gehn, Gott, immer, ihr, komm, kummen, mann, matt, mehr, nieder, nimm, ruh, sieh, soll, stahn, verstehn, voll, weh, wieder. Auch unterscheidet Schröer im Druck »Adam« und »Adâm«, je nachdem, ob der Ton auf der ersten oder zweiten Silbe liegt. Trotzdem ist

auch nach Durchführung der von ihm angegebenen Korrekturen eine einheitliche und konsequente Schreibweise nicht zu erreichen gewesen.
4 Aurel E. Emeritzy, Die Überlieferung der Oberuferer Spiele. In: Karpatenjahrbuch 1970, S. 57. – »Das war nit unser Gspiel«, sagte kopfschüttelnd der alte Spielmeister Michael Wendelin, als eine Spielgruppe unter Maria Heide den Oberuferern in den zwanziger Jahren »ihr Spiel« vorgeführt hatte. (Hans Klein, in: Karpatenjahrbuch 1962, S. 55.)
5 Karl Benyovszky, Die Oberuferer Weihnachtsspiele. Mit einer Kostümtafel und einem Anhang der Singweisen, gesammelt und aufgezeichnet von Ludwig Rajter jun. Bratislava-Preßburg 1934. (Die Kostümtafel ist eine Kopie aus Flögels »Geschichte des Grotesk-Komischen«, Leipzig 1862; die Originaltafel wurde von Schröer 1860 in der Zeitschrift »Faust« veröffentlicht.)
6 Vor Vers 774 wiederholt der Lakai lediglich die Worte König Melchorts noch einmal vor Herodes. Nach Vers 1225 variiert ein zweiter Kriegsknecht die Worte des ersten mit »Sechzig 1000 ist mein zal«. Endlich wird im Paradeisspiel nach Vers 233 der in der Schröerschen Handschrift fehlende Vers »Bei mir in der höll' da haben's schon ihr grab« eingefügt, was Schröer bereits anhand der Preßburger Handschrift annähernd richtig ergänzt hatte.
7 Als Beispiele von Abweichungen, »die sinnstörend wirken oder aber auf Kosten des Taktes oder Reimes vorgenommen wurden«, führt Benyovszky an: »Kaiser Augustus hat ein gebot getan *an uns*« (77), oder »Weil nun *kein geld* in meiner hand« (statt »all geld«, 81), oder »meine kräften *von tag zu tag* haben abgenommen« (86). Statt »Stichl ist dir die zeitung bekannt« heiße es bei Wendelin völlig unlogisch »Stichl ist dir die zeit sehr unbekannt« (300). Ganz sinnlos sei auch die Verunstaltung der Herodesszene, bei der Herodes statt des Lakaien ausrufe: »Bringt mir ein apfel und ein messer her!« (1254) usw. Ferner wird der völlige Wegfall einiger Szenen beanstandet, wie der Hirtengespräche 269–299 und 381–399, der Teufelsszene 897–945 oder Melchorts »Psallite unigenito« (992–996). Auch stehe das Lied »Wie schön leucht uns der weisen stern« statt nach der Kaspar-Rede (nach 680) bei Wendelin vor dem Herodesspiel (vor 746). In der Aufzeichnung des Paradeisspiels beanstandet Benyovszky die Auslassung von acht Strophen des Companie-Liedes, während drei Strophen ohne den Refrain, statt von der Companie gesungen, von Gottvater gesprochen würden (47–58), was wiederum ganz unlogisch sei. – Ein Blick auf Schröers Fußnoten in dessen Edition hätte Benyovszky belehren können, daß das meiste von ihm Monierte den dortigen Angaben entspricht. Andere Abweichungen gegenüber dem Schröerschen Text werden nunmehr durch die Andauer Handschrift ebenfalls legalisiert.

8 Emeritzy a.a.O., S. 59. Auch Karl Eugen Fürst (Karpatenjahrbuch 1977, S. 37) hält Wendelins aus dem Gedächtnis erstelltes Textbuch für weniger wertvoll als Schröers Veröffentlichung und empfiehlt, sich getreu an dessen Aufzeichnungen zu halten.
9 Karl Julius Schröer, Nachtrag zu den Deutschen Weihnachtspielen aus Ungern. In: 8. Jahresprogramm der Öffentlichen Oberrealschule Preßburg. Preßburg 1858, S. 3–14. (Betr. die Ragendorfer Handschrift von 1773).
10 Leopold Schmidt, Der Oberuferer Spielkreis. In: Sudetendeutsche Zeitschrift für Volkskunde, 7. Jg., Prag 1934, S. 145–157.
11 Karl Horak, Burgenländische Volksschauspiele. Wien und Leipzig 1940. (Enthält die Christigeburtspiele aus Pamhagen, Wallern und Andau.)
12 L. Schmidt a.a.O., S. 149.
13 Johannes Bolte, Ein Spandauer Weihnachtsspiel 1549. In: Märkische Forschungen, Bd. 18, Berlin 1884, Anhang S. 219 f.
14 Johannes Bolte, Drei märkische Weihnachtspiele des 16. Jahrhunderts nebst einem süddeutschen Spiel von 1693. Berlin 1926. (S. 177–207: »Comedia«)
15 L. Schmidt a.a.O., S. 154.
16 Leopold Schmidt, Das Volksschauspiel des Burgenlandes. In: Wiener Zeitschrift für Volkskunde, Bd. 41, 1936, S. 87.
17 K. J. Schröer, Nachtrag a.a.O., S. 5.
18 Die Oberuferer Spiele. Weihnachtspiele aus altem Volkstum. Mitgeteilt von Karl Julius Schröer. Szenisch eingerichtet von Rudolf Steiner. Dornach/Schweiz 1957, S. 101.

Zu den Texten und der Abbildung

Der Text des Oberuferer Christigeburtspiels und des Oberuferer Paradeisspiels entspricht den Angaben Karl Julius Schröers in seinem Buch »Deutsche Weihnachtspiele aus Ungern«, Wien 1858.
Der Text der »Geistlichen Komedi« aus Andau wurde entnommen dem Buch von Karl Horak, »Burgenländische Volksschauspiele«, Wien und Leipzig 1940. Der Text der »Comedia« von 1693 wurde mit freundlicher Genehmigung der Staatsbibliothek Preußischer Kulturbesitz, Berlin, nach dem dort befindlichen Original (Satzspiegelgröße 13,5 x 7,5 cm) reproduziert.
Die Abbildung gegenüber dem Titelbild wurde nach einer Farbtafel reproduziert, die Schröer zu einem Aufsatz in der Zeitschrift »Faust«, Leipzig 1860, hatte anfertigen lassen.

KONKORDANZ

(Die Lieder innerhalb der Spiele sind durch *kursiv* gedruckte Verszahlen gekennzeichnet. In Klammern stehen die nicht mit dem Oberuferer Spiel gleichlautenden Texte.)

Schröer	Andau	Comedia	Schröer	Andau	Comedia
Sterngs.	*Prolog*		402–406	373–377	–
1–48	*(12–57*	*1–46)*	407–409	388–390	–
			–	391, 392	–
	Christgeburtspiel		410–414	–	–
1–10	*(1–11)*	–	415–419	(368–372)	–
11–31	–	–	420–422	–	–
32–41	–	–	423–427	378–382	–
42–67	–	–	–	383–387	–
68–76	58–65	–	–	393–408	–
77–132	66–121	47–102	*428–445*	*409–420*	–
–	*122–131*	–	446–477	421–452	273–304
133–146	132–145	103–116	*478–482*	(453–456)	–
147, 148	–	–	482, 483	475, 476	323, 324
149–158	146–155	117–126	484–495	463–474	311–322
159, 160	–	–	496–499	–	–
161–178	156–173	127–144	500, 501	475, 476	323, 324
179–188	*(174–191)*		–	477–480	325–328
189–202	192–205	145–158	502–505	481–484	329–332
–	206–211	159–164	506–511	457–462	305–310
203–209	212–218	165–171	512, 513	506, 507	339, 340
–	219–221	172–174	514–517	(500–505	333–338)
210–223	222–235	175–188	*518–522*	*485–499*	–
–	236–239	189–192	523–526	508–511	341–344
224–248	(*240–243*	*193–196)*	527–530	*512–521*	345–348
249–268	*244–259*	–	–	–	349–352
269–299	(260–285)	–	–	522–527	353–358
300–351	286–338	197–246	531–534	528–531	359–362
352–355	–	–	535–540	532–537	363–368
356–366	*(339–343)*		–	538, 539	369, 370
367, 368	356, 357	257, 258	541–564	540–564	371–394
369–376	344–355	247–256	565–568	–	–
377–380	340–343	259–262	–	565–576	395–406
–	358–367	263–272	*569–594*	*(577–585)*	–
381–396	–	–		Dreikönigsspiel	
397–401	–	–	595–640	586–626	407–448

Schröer	Andau	Comedia	Schröer	Andau	Comedia
–	*627–636*	–	1015, 1016	(895, 896)	667, 668)
641–664	637–660	449–472	1017–1023	–	–
–	661–668	–	1024–1036	(897–906)	669–678)
665–680	669–684	473–488	1037–1042	–	–
681–691	*803–811*	–	1043–1046	(504, 505)	337, 338)
–	(685–696)	–	–	907, 908	679, 680
692–695	–	489–492	1047–1054	909–916	681–688
696, 697	697, 698	493, 494	–	917, 918	689, 690
698, 699	709, 710	505, 506	1055–1058	919–922	691–694
700, 701	699, 700	495, 496	*1059*	–	–
–	701, 702	497, 498	1060–1067	(923–932)	695–704)
702–719	711–728	507–524	1068–1071	933–936	705–708
720–723	703–708	499–504	1072–1073	–	–
724–733	729–738	525–534	1074–1079	937–942	709–714
734–745	*(739–746)*	–	*1080–1082*	–	–
746–757	–	–	1083–1090	(943–952)	715–724)
758–773	747–762	535–550	1091–1110	(953–988)	–
–	763–768	551–556	–	*989–1002*	–
774–803	769–798	557–586	1111–1116	–	–
804, 805	–	–	1117–1144	(1003–1020)	725–742)
806–811	799–802	587–590	–	1021–1034	743–756
–	*803–811*	–	1145–1172	1035–1062	757–784
812–817	812–818	591–598	1173, 1174	1067, 1068	789, 790
818–833	–	–	1175–1178	1063–1066	785–788
834–837	819–821	599–601	1179–1184	–	–
–	822, 823	602, 603	1185–1188	1025–1028	747–750
838–851	824–838	604–618	1189–1216	–	–
–	–	619, 620	1217–1221	1085–1090	799–802
852–881	839–868	621–650	1222–1225	1075–1078	797, 798
882–894	–	–	–	1079–1082	795, 796
895, 896	869, 870	651, 652	1226, 1227	1083, 1084	–
897–913	–	–	1228–1231	1069–1074	791–794
914–928	1123–1135	–	–	1091–1094	803–806
929	(1136–1143)	–	–	*1095–1109*	–
930–949	–	–	1232–1251	–	–
950–974	*(871–880)*	–	1252–1255	1118–1121	–
975–982	–	–	1256–1259	1110–1117	–
983–988	881–886	653–658	1260–1273	–	–
989–991	(887, 888)	659, 660)	1274–1277	*1144–1151*	–
992–996	–	–	1278–1311	(1152, 1153)	–
997–1004	–	–	*1312–1328*	*(1154–1162)*	–
1005–1010	889–894	661–666	–	1163–1188	807–832
1011–1014	–	–	1329–1338	1190–1198	–